Arthur Thömmes

33 Ideen Digitale Medien Ethik

step-by-step erklärt, einfach umgesetzt – das kann jeder!

Wir haben uns für die Schreibweise mit dem Sternchen entschieden, damit sich Frauen, Männer und alle Menschen, die sich anders bezeichnen, gleichermaßen angesprochen fühlen. Aus Gründen der besseren Lesbarkeit für die Schüler*innen verwenden wir in den Kopiervorlagen das generische Maskulinum.
Bitte beachten Sie jedoch, dass wir in Fremdtexten anderer Rechtegeber*innen die Schreibweise der Originaltexte belassen mussten.
In diesem Werk sind nach dem MarkenG geschützte Marken und sonstige Kennzeichen für eine bessere Lesbarkeit nicht besonders kenntlich gemacht. Es kann also aus dem Fehlen eines entsprechenden Hinweises nicht geschlossen werden, dass es sich um einen freien Warennamen handelt.

1. Auflage 2021
© 2021 Auer Verlag, Augsburg
AAP Lehrerwelt GmbH
Alle Rechte vorbehalten.

Das Werk als Ganzes sowie in seinen Teilen unterliegt dem deutschen Urheberrecht. Der*die Erwerber*in des Werks ist berechtigt, das Werk als Ganzes oder in seinen Teilen für den eigenen Gebrauch und den Einsatz im Unterricht zu nutzen. Die Nutzung ist nur für den genannten Zweck gestattet, nicht jedoch für einen weiteren kommerziellen Gebrauch, für die Weiterleitung an Dritte oder für die Veröffentlichung im Internet oder in Intranets. Eine über den genannten Zweck hinausgehende Nutzung bedarf in jedem Fall der vorherigen schriftlichen Zustimmung des Verlags.

Sind Internetadressen in diesem Werk angegeben, wurden diese vom Verlag sorgfältig geprüft. Da wir auf die externen Seiten weder inhaltliche noch gestalterische Einflussmöglichkeiten haben, können wir nicht garantieren, dass die Inhalte zu einem späteren Zeitpunkt noch dieselben sind wie zum Zeitpunkt der Drucklegung. Der Auer Verlag übernimmt deshalb keine Gewähr für die Aktualität und den Inhalt dieser Internetseiten oder solcher, die mit ihnen verlinkt sind, und schließt jegliche Haftung aus.

Autor*innen: Arthur Thömmes
Covergestaltung: Daniel Fischer Grafikdesign München
Umschlagfoto: GaudiLab / Shutterstock; denisismagilov / Adobe Stock; S.Kobold / Adobe Stock; Wayhome Studio / Adobe Stock
Illustrationen: Stefan Lohr
Satz: tebitron gmbh, Gerlingen
Druck und Bindung: Korrekt Nyomdaipari Kft.
ISBN 978-3-403-08308-5
www.auer-verlag.de

Inhaltsverzeichnis

Einleitung 4

Ideensammlung

Ethik – Wie soll ich handeln?
- Der ethische Dreischritt: sehen – urteilen – handeln 8
- Gesinnungsethik und Verantwortungsethik – eine kollaborative Spurensuche ... 10
- Ethische Grundbegriffe – mit digitalen Rätseltools erkunden 12
- Ethikblog – ein digitales Tagebuch 14
- Ethiktalk – der Podcast zu wichtigen Lebensthemen 16
- Entscheide dich! – moralisch-ethische Gedankenexperimente 18
- Ethische Fragestellungen in den Weltreligionen – ein digitales Stationenlernen ... 20
- Künstliche Intelligenz – Chancen und Grenzen 22
- Transidentität bei Kindern und Jugendlichen – ein Ethik-Twitterchat 24
- Triage – Entscheidung über Leben und Tod 26

Dem Menschsein auf der Spur
- „Mein Name ist Mensch" – eine Spurensuche 28
- Sei der Held deines Lebens! – Onlineberatungen auf dem Prüfstand 30
- Sinnscouts – auf der Suche nach den wesentlichen Fragen 32
- Dem Glück auf der Spur – das digitale Glücksrad 34
- Selbstbestimmtes Leben und Sterben – eine Talkshow 36
- Das Tagebuch eines Sinnsuchers – Book Creator 38
- Freundschaft 2.0 – eine digitale Multimedia-Werkstatt 40
- Ein Song für die Freiheit – eine Musik-Werkstatt 42
- Was mir wichtig ist – eine digitale Werteausstellung 44

Medienethische Perspektiven
- Sinnfluencer – Du bist, was du postest! 46
- Was mein Smartphone alles (mit mir) macht 48
- Influencer-Werkstatt 50
- „Bad News" – ein spielerischer Zugang zu Fake News 52
- Medienkompetenz und Sicherheit auf TikTok 54
- Medienethik – Leben in einer digitalen Welt 56
- Verschwörungsmythen – eine Informationsbroschüre 58

Kreative, visuelle und kommunikative Zugänge
- Konflikte erkennen und lösen – eine Comicstory 60
- Mobiler Lernparcours 62
- Digitale Klimaaktivisten – ein visueller Aufschrei 64
- Digitales ABC der Diskriminierung 66
- Philosophisches Kopfkino 68
- Eine multimediale (digitale) Themenshow 70
- Kurzfilme im Ethikunterricht 72

Einleitung

Der amerikanische Autor Gary Shteyngart beschreibt in seinem dystopischen Roman „Super Sad True Love Story" eine analphabetische, reizüberflutete und konsumversessene Epoche. Eine dekadente Welt, die bevölkert ist mit Wesen halb Mensch und halb Handy, und die ständig an ihren „Äppäräten" herumspielen. Es handelt sich um verhaltensauffällige Internetsklaven, die ohne eine Suchmaschine nicht mehr wissen, wer sie wirklich sind. Sie können nicht mehr richtig lesen und denken, weil sie nur noch starren, talken und chatten. Sie hüpfen von Facebook zu Instagram, von YouTube zu Twitter, und schauen sich Bilder und Videos an. Hier ein Klick und da ein Klick, von Website zu Website. Ist das eine Vision oder bereits Realität?

Eine repräsentative Jugend-Digitalstudie von 2019 (im Auftrag der Postbank) ergab, dass sich Jugendliche in Deutschland pro Woche durchschnittlich 58 Stunden im Internet bewegen, im Jahr 2020 wegen der Corona-Krise sogar deutlich mehr mit 71 Stunden. Überwiegend nutzen sie dafür ihr Smartphone, das vielfältige multimediale Werkzeuge für die Bearbeitung von Text, Bild und Ton zur Verfügung stellt. Und es ist vor allem ein Kommunikationsinstrument, mit dessen Hilfe man überall und zu jeder Zeit erreichbar ist. Die meisten Jugendlichen sind technisch gut ausgestattet, was die genannte Studie bestätigte.

Das alles betrifft überwiegend den Freizeitbereich, denn wenn die jungen Menschen sich in die Schule begeben, gelangen sie nicht selten in eine mediale Steinzeit. Alte Rechner, schlechtes WLAN und viele überforderte Lehrkräfte bremsen ihr Interesse und auch ihre Kompetenzen aus.

Ethikunterricht in digitalen Zeiten

Neben der schleppenden digitalen Transformation sind es auch die Bedenkenträger, die den Prozess hier und da verlangsamen. Und immer wieder stellt sich die Frage: Macht Internet dumm? – Nein, nicht unbedingt, wenn man lernt, es intelligent zu nutzen. Dazu muss man zunächst über einige Grundfertigkeiten wie das Lesen und Schreiben verfügen. Das allein genügt aber nicht, denn man muss die Informationen verarbeiten und analysieren, bewerten und verstehen. Die Schüler*innen sollen lernen, Medien nicht nur zu konsumieren, sondern sie selbst aktiv zu gestalten. Längst ist klar, dass schlechter Unterricht mit digitalen Medien nicht unbedingt besser wird, sondern zunächst einmal nur anders. Aber der gute Unterricht kann davon profitieren, wenn der virtuelle Lernraum neben dem Lernen im Klassenraum neue Möglichkeiten und Kompetenzen eröffnet.

So können digitale Medien das Lehren und Lernen verändern (aktiv, kreativ, kollaborativ, offen). Es genügt nicht, die Schulen mit Geräten auszustatten – die Entwicklung von Inhalten in allen Fächern ist grundlegend. Digitale Medien sollten Einzug in den Unterricht halten. Dabei ist es wichtig, dass sie in das Fach methodisch-didaktisch integriert werden. Grundlegend ist dabei auch die Fort- und Weiterbildung von Lehrkräften und die Förderung der Medienkompetenz von Lernenden und Lehrenden. Das heißt aber auch, dass in einem zeitgemäßen Unterricht den Kindern und Jugendlichen mehr Verantwortung für die Gestaltung des eigenen Lernens übertragen wird. Ein selbstorganisiertes und projektorientiertes Lernen, das die analogen und digitalen Möglichkeiten ausschöpft, eröffnet neue Lernerfahrungen für Schüler*innen.

Und hier setzt auch der Ethikunterricht an, wenn er die Lernenden dabei unterstützt, nicht nur Wissen zu reproduzieren. Ein zeitgemäßer Ethikunterricht ist immer auch ein Lernen unter den Bedingungen der Digitalität. Dabei gilt es, die Lehrkräfte und die Schüler*innen mitzunehmen. Beide Gruppen sind auf einem gemeinsamen Weg in die digitale Transformation, der sich momentan nicht einfach gestaltet.

Das Fach Ethik beschäftigt sich vor allem mit der Frage, was gutes bzw. schlechtes Handeln ausmacht und unterstützt die jungen Menschen bei der Entwicklung ihrer ethischen Urteilsbildung. Dazu brauchen sie eine ethische Entscheidungskompetenz, die sich vor allem aus eigenen Lebenserfahrungen und lebenspraktischen Einsichten entwickelt.

Im Ethikunterricht wird das ethische Denken trainiert. Dabei ist es entscheidend, ein Problem zu umschreiben und zu analysieren und so Motive, Methoden und Folgen menschlichen Handelns genau in den Blick zu nehmen.

Einleitung

Hier wird auch ethisch relevantes Fachwissen vermittelt, um die komplexe Welt und das vielgestaltige Leben mit den vielfältigen Fragen erschließen zu können. Der Alltag der Kinder und Jugendlichen bietet eine unerschöpfliche Fundgrube an Beispielen, um das ethische Denken zu trainieren. So werden Werte und Normen, Sach-, Sinn- und Lebensfragen lebensnah entfaltet.

Die Schüler*innen lernen, Argumente und Positionen kritisch zu prüfen und eigene Positionen zu entwickeln und zu begründen. Die ethische Urteilsbildung wird so nach und nach gefördert. Natürlich spielen dabei Unterrichtsgespräche nach wie vor eine wesentliche Rolle.

Um den Prozess des Sehens, Urteilens und Handelns aus unterschiedlichen Perspektiven zu fördern, kann der Einsatz digitaler Medien und Werkzeuge eine unterstützende, aktivierende und vertiefende Funktion haben. Die digitalen Apps und Tools sind Instrumente, die den Lern- und Lehrprozess unterstützen. Dabei ist eine gute methodisch-didaktische Vorbereitung und Umsetzung grundlegend. Die genutzten digitalen Werkzeuge sollten zum Thema, zu den Lernenden und zur Lehrkraft passen. Manchmal bedeutet dies, einen gemeinsamen Lernprozess in der Handhabung der digitalen Medien zu gehen. Hilfreich ist es, die digitalen Alltagserfahrungen und Kompetenzen der Lernenden in den Unterricht zu integrieren („Nicht immer ist die Lehrkraft Expert*in!").

Förderlich bei der Entwicklung eines digitalen Grundverständnisses sind die von der OECD entwickelten vier Kernkompetenzen des 21. Jahrhunderts: Kreativität, Kollaboration, Kommunikation und kritisches Denken. Es sind die Fähigkeiten, die Menschen brauchen, um die Herausforderungen der Zukunft gut zu gestalten.

Der Einsatz digitaler Medien im Ethikunterricht sollte immer wieder reflektiert und auf seine Sinnhaftigkeit (Mehrwert) hin überprüft werden:

- Unterstützt der Einsatz der digitalen Medien den kompetenzorientierten Ethikunterricht (fachlich, methodisch, persönlich, sozial)?
- Sind die Schüler*innen motiviert und wird das Lernverhalten unterstützt?
- Wird die Kommunikationskompetenz gefördert und macht der Einsatz der digitalen Werkzeuge neugierig auf ethische Themen und Fragen?
- Fördert der Einsatz digitaler Medien die Auseinandersetzung mit der eigenen Lebenswelt und unterstützt er Visionen und Zukunftsperspektiven?

Die 33 Ideen in diesem Band sollen die Lernenden und die Lehrkräfte dabei unterstützen, einen zeitgemäßen und kompetenzorientierten Ethikunterricht zu gestalten. Nicht immer sind es fertige Unterrichtsstunden, sondern eher Puzzleteile (Einstiege, Erarbeitungsphasen, Projekte, Präsentationen usw.), die an eine konkrete Lernsituation angepasst werden müssen.

Aufbau des Bandes

Der vorliegende Band bietet 33 Unterrichtsideen für den Ethikunterricht mit digitalen Medien. Die Ideen sind praxiserprobt und wurden zum Teil erweitert.

Auf einer Doppelseite werden die einzelnen Ideen übersichtlich und verständlich dargestellt. Sie werden jeweils zunächst allgemein beschrieben (*Beschreibung*) und vertiefend konkretisiert (*Ablauf und Methode an einem konkreten Beispiel*). Da es sich um Ideen des Verfassers handelt, sollten diese natürlich angepasst und erweitert werden.

Die hier vorgestellten Ideen können grundsätzlich in jeder Schulart eingesetzt werden. Je nach Grad der Komplexität der Methode bieten sich einzelne Ideen nur in höheren Jahrgangsstufen an. Bei jeder Idee findet sich jeweils in der Kopfzeile ein Hinweis, für welche Jahrgangsstufen der vorgestellte Ansatz geeignet erscheint.

Die technischen Voraussetzungen (*Benötigte Materialien und technische Voraussetzungen*) für die einzelnen Unterrichtsideen sind so einfach wie möglich gehalten. Notwendig sind manchmal nur ein Smartphone oder ein Tablet mit Internetzugang für jede Arbeitsgruppe. Ein PC oder Laptop bietet sich vor allem dann an, wenn ein größerer Bildschirm oder eine richtige Tastatur zum Schreiben längerer Texte hilfreich ist. In den meisten Fällen ist eine in der Regel kostenfreie App bzw. ein Tool

Einleitung

notwendig. Der entsprechende Hinweis auf kostenfrei verfügbare Angebote findet sich ebenfalls zu Beginn jeder vorgestellten Idee.

Für viele kreative Bild- oder Videomethoden eignen sich die Smartphones der Schüler*innen, die in der Regel über eine gute Grundausstattung verfügen.

 Bei jeder Idee werden Hinweise zur Dauer gegeben, zum Beispiel „eine Doppelstunde" oder auch „mehrwöchige Projektarbeit".

 Die formulierten Kompetenzen sind knappgehalten und bieten lediglich einen Anhaltspunkt für die konkrete unterrichtliche Umsetzung.

 Zur besseren Orientierung sind die Ideen einzelnen Unterrichtsphasen (z. B. Einstieg, Erarbeitung, Präsentation) zugeordnet. Bei vielen Beispielen handelt es sich um Projektideen, die sich in der konkreten Umsetzung über mehrere Doppelstunden ziehen können.

Unter dem Punkt *Mögliche Fallstricke und Tipps* wird auf potenzielle Probleme hingewiesen, die sich mit den hier gegebenen Tipps leicht vermeiden lassen. Zudem finden sich Vorschläge für mögliche Variationen.

Der Hinweis auf die *Analoge Alternative* soll zeigen, dass die jeweilige Idee auch ohne digitale Medien umsetzbar ist.

Abschließend bietet jede Unterrichtsidee als Anregung für die eigene Unterrichtsgestaltung Hinweise auf Materialien, auf bestehende Umsetzungsbeispiele, die sich frei zugänglich im World Wide Web finden, auf Unterrichtsvorschläge sowie auf weiterführende Literatur (*Materialhinweise, Beispiele und Infoseiten*). Hier werden jeweils die Links angegeben, über die QR-Codes können die jeweiligen Seiten direkt aufgerufen werden. Für die Nutzung der QR-Codes wird ein Smartphone oder Tablet mit installierter Barcode-Scan-App (kostenlos erhältlich über Google Play bzw. App Store) benötigt.

Zum Weiterlesen

- Arthur Thömmes: Digitale Werkzeugkiste. Eine dynamische, wachsende Sammlung mit Tools und Apps für den Unterricht. Praxisnahe Tipps, Tutorials und Beispiele:
  Teil 1: *https://padlet.com/ajoth1/lw122tw6u4oh*
  Teil 2: *https://padlet.com/ajoth1/qk5gjl0n6utq*
  Teil 3: *https://padlet.com/ajoth1/h6v0jkfm5nwk*
- Auf der Homepage des Autors finden sich weitere kreative Unterrichtsideen, auch für den Ethikunterricht:
  https://www.fundgrube-religionsunterricht.de/
- Ethik & Unterricht 1/2019: Mit digitalen Medien unterrichten
- Ethikblogs:
  https://ethikblogs.de
- Hybrid-Unterricht 101. Ein Leitfaden zum Blended Learning für angehende Lehrer*innen. Das Gemeinschaftsprojekt aus den sozialen Netzwerken kann als PDF kostenlos heruntergeladen werden:
  https://visual-books.com/hybrid-unterricht-101/
- Nele Hirsch: Unterricht digital. Methoden, Didaktik und Praxisbeispiele für das Lernen mit Online-Tools:
  https://www.dropbox.com/s/n07ve8uqiy1ymbq/Nele_Hirsch-Unterricht_digital.pdf?dl=0

Einleitung

- Auf der Plattform fobizz gibt es 24 Mikrofortbildungen zu unterschiedlichen digitalen Themen:
https://plattform.fobizz.com/courses/56-24-mikrofortbildungen?mc_cid=83afcf0ff2&mc_eid=4b-686c2ea4&utm_source=adv

Weitere Praxishilfen für den Ethikunterricht:
- Arthur Thömmes: 55 Methoden Ethik. Einfach, kreativ, motivierend. Auer Verlag 2015
- Arthur Thömmes: Die schnelle Stunde Ethik. 30 originelle Unterrichtsstunden ganz ohne Vorbereitung. Auer Verlag 2013
- Arthur Thömmes: Spiele zur Unterrichtsgestaltung: Religion und Ethik. Verlag an der Ruhr 2009

1

2

3

4

5

6

7

8

Der ethische Dreischritt: sehen – urteilen – handeln

Klasse 5–13

 Doppelstunde

 Erarbeitung / Präsentation

 Einführung in eine Methode ethischen Denkens und Handelns

Beschreibung

Die Schüler*innen werden eingeführt in ethisches Denken und Handeln und sollen dies anhand des Dreischritts *sehen – urteilen – handeln* exemplarisch einüben. Die Methode, die ursprünglich im Rahmen der christlich-sozialen Arbeiterbewegung entwickelt wurde, bietet für den Ethikunterricht eine gute Grundlage, um strukturiert – ausgehend von einer Lernsituation – das ethische Denken und Handeln zu trainieren. Nach einem Brainstorming arbeiten die Schüler*innen an konkreten Beispielen aus ihrer Lebenswelt.

Benötigte Materialien und technische Voraussetzungen

- Tablet, Notebook oder Computer mit Internetzugang pro Person
- Beamer
- Zugangslink zum onlinebasierten Tool Flinga (*https://flinga.fi*)

Ablauf und Methode an einem konkreten Beispiel

- Diese Unterrichtsidee bietet sich an als Einstiegsstunde in das ethische Denken und Handeln.
- Vorbereitung: Die Lehrkraft legt eine Startseite im onlinebasierten Tool Flinga an und nutzt dazu die Flinga Wall. Dazu muss sie sich zunächst selbst anmelden und einloggen.
- Damit ein kollaboratives Brainstorming durchgeführt werden kann, vergibt die Lehrkraft einen Titel (z. B. „Ethisches Denken und Handeln"). Dann legt sie drei Einträge in verschiedenen Farben an: *sehen – urteilen – handeln*.
- Die Schüler*innen brauchen sich auf Flinga nicht anzumelden, denn sie können den von der Lehrkraft mitgeteilten Link bzw. QR-Code nutzen.
- Es folgt eine kurze Einführung in das Thema:
  - *Sehen*: Es geht darum, genau hinzuschauen, um eine konkrete Situation, ein Problem oder eine Frage genau einordnen und analysieren zu können. Das Problem muss richtig und angemessen wahrgenommen und beschrieben werden.
  - *Urteilen*: Um richtig handeln zu können, muss man das Problem (das Gesehene) zunächst tiefer erfassen, analysieren und sich ein Urteil bilden. Man bildet sich aufgrund sehr unterschiedlicher Argumente (z. B. pro und kontra) eine eigene Meinung und bewertet das Problem.
  - *Handeln*: Es geht um die Frage, wie man sich richtig verhalten soll. Es reicht nicht, das Gute und Richtige zu erkennen, sondern man muss es auch tun.
- Jede*r in der Klasse kann dann seine*ihre Ideen und Gedanken in der passenden Farbe notieren.
- Zunächst betrachten die Schüler*innen ihre unterschiedlichen Beiträge in einer Slideshow, die in der linken Seitenspalte eingestellt werden kann.
- Im nächsten Schritt hat jede*r die Möglichkeit, drei Favoriten auszuwählen und mit einem Like (Herzchen) zu markieren. Die Einträge werden nun nach Gewichtung sortiert.
- Es folgt eine vertiefende Diskussion über die Bedeutung des ethischen Dreischritts für die eigene ethische Urteilsbildung und das sich daraus ergebende Handeln.

- Impulsfragen: Inwieweit kann uns ein solches strukturiertes Vorgehen helfen, die richtigen Entscheidungen zu treffen? Welche Probleme, Herausforderungen und Fragen ergeben sich? Wie werden die einzelnen Schritte durch subjektive Wahrnehmung und Erfahrung beeinflusst?
- Angelehnt an den Dreischritt versucht die Klasse nun in verschiedenen Gruppen konkrete ethische Fragestellungen aus ihrer Lebens- und Erfahrungswelt durchzuspielen.
- Die Ergebnisse werden ebenfalls mithilfe der Flinga Wall präsentiert. Dazu erhält jede Gruppe eine Vorlage.

Mögliche Fallstricke und Tipps

- Die Lehrkraft sollte darauf achten, dass die Klasse Schreibrechte erhält.
- In die Flinga Wall können auch zur Vertiefung der einzelnen Aspekte Links eingesetzt werden.
- Bei genauer Betrachtung ist die Methode *sehen – urteilen – handeln* nicht nur als lineare Folge, sondern auch als ein zirkulärer Prozess einzuordnen. Auch dieser Aspekt sollte bewusst werden.
- Die Lehrkraft sollte verdeutlichen, dass diese Methode nur ein Modell darstellt, um ethische Fragestellungen systematisch und vertiefend anzugehen.

Analoge Alternative

Es bieten sich alternative analoge Brainstorming-Methoden an, indem drei Spalten an der Tafel oder an einer Pinnwand mit Metaplankarten umgesetzt werden.

Beispiele und Infoseiten

- Anschauliche Einführung in das Tool Flinga mit folgenden Tutorials:
  - *https://www.youtube.com/watch?v=2Dv-T5OGdPk&feature=emb_logo*
  - *https://www.youtube.com/watch?v=7VfuyUPLN44&feature=emb_logo*
- Grundlagen zum Prinzip *sehen – urteilen – handeln* bietet die Seite der Christlichen Arbeiterjugend (CAJ):
https://www.caj.de/multimedia/Textdokumente/statisch/Sehen_urteilen_handeln_-_Einige_Grundlagen.pdf

Gesinnungsethik und Verantwortungsethik – eine kollaborative Spurensuche

Klasse 8–13

 3 Doppelstunden

 Erarbeitung / Präsentation

 ethische Begriffe praxisnah bestimmen, Recherche systematisch planen und durchführen

Beschreibung

Die Schüler*innen erarbeiten aufgrund konkreter Beispiele, dass es wichtig ist, ein gesundes Gleichgewicht zwischen Gesinnungsethik und Verantwortungsethik herzustellen (Max Weber).

Benötigte Materialien und technische Voraussetzungen

Smartphone, Tablet, Notebook oder Computer mit Internetzugang pro Person

Ablauf und Methode an einem konkreten Beispiel

- Setting: Die Schüler*innen begeben sich auf eine Entdeckungsreise. Dazu schreibt die Lehrkraft die beiden Begriffe „Verantwortungsethik" und „Gesinnungsethik" an die Tafel und erklärt Ziel und Ablauf des Scout-Projektes: Die Klasse bildet Scout-Gruppen, die sich gemeinsam „auf den Weg" machen, um Informationen, Bilder, Videos, Texte, Lieder, Fallbeispiele usw. zu finden, die die beiden Begriffe lebendig und verstehbar machen. Dabei ist es wichtig, die ethischen Begrifflichkeiten durch konkrete Fallbeispiele mit Leben zu füllen.
- Welche Scout-Werkzeuge die Gruppen verwenden, ist ihnen überlassen (Smartphone, Computer, Internet, Bücher usw.).
- Ein gemeinsames Werkzeug, das die Lehrkraft kurz vorstellt, ist das digitale Whiteboard https://draw.chat/ (keine Registrierung notwendig). Es bietet die Möglichkeit der gemeinsamen Arbeit und Dokumentation. Mithilfe des erzeugten Links oder QR-Codes haben alle Gruppenmitglieder einen Zugriff auf die Seite. So können alle Gruppen kollaborativ an einem Dokument arbeiten und sich in Echtzeit austauschen. Es können Fotos, Videos und Texte gestaltet werden. Eine besondere Funktion hierbei sind Chat und Video-Chat, die die Möglichkeit bieten, sich außerhalb der Schule auszutauschen und am Dokument zu arbeiten.
- Gemeinsam wird zunächst ein Zeitraster erstellt (z. B. Arbeitsplan, Aufgabenverteilung, Recherche, Präsentation), damit alle Gruppen strukturiert arbeiten können. Dann machen sich die Scouts auf den Weg.
- Alle Gruppen stellen vor der Präsentation ihrer Arbeit einen QR-Code für ihr Whiteboard zur Verfügung, sodass der Rest der Klasse darauf zugreifen kann.
- Die Präsentation der Expertengruppen soll in einem fachlichen Disput umgesetzt werden. Dazu schickt jede Gruppe eine Person in die Diskussionsrunde (im Laufe des Disputs kann durchgewechselt werden). Die Lehrkraft übernimmt die Moderation.
- Um das Thema möglichst kontrovers zu diskutieren, können provokative Thesen hilfreich sein (z. B.: „Wir haben die moralische Verpflichtung, Flüchtlingen zu helfen!" vs. „Wenn wir alle Grenzen öffnen, wird das schwerwiegende gesellschaftliche Folgen haben!").
- Für Notizen zum Disput wird ein neues Whiteboard erstellt, auf das die ganze Klasse zugreifen kann.

Mögliche Fallstricke und Tipps

- Es geht bei diesem Projekt nicht darum, Wikipedia-Artikel zusammenzufassen. Vielmehr sollen die Schüler*innen digitale Werkzeuge entdecken und ausprobieren, um so neues Wissen und Erkenntnisse zu gewinnen und die eigene Urteilsfähigkeit zu schärfen.
- Hilfreich für das ethische Verständnis kann es sein, zunächst eine kurze Definition der Begriffe zu formulieren:
    - Verantwortungsethik: Wichtig ist, was am Ende herauskommt.
    - Gesinnungsethik: Wichtig ist, mit welcher ethisch-moralischen Einstellung man etwas tut.
- Draw.Chat ist kostenfrei und benötigt keine Registrierung. Ein Klick auf „Start New Whiteboard" erzeugt ein neues Dokument.
- Die Lehrkraft kann (mit Link bzw. QR-Code) auf alle Draw.Chat-Seiten zugreifen und den Fortschritt der Arbeit einsehen.
- Durch die Ende-zu-Ende-Verschlüsselung sind die Daten im Chat geschützt.
- Mithilfe der Gruppendokumentationen und der Disputmitschriften können die Schüler*innen einen Sachbericht verfassen, der beurteilt wird.
- Interessant wäre es, das Thema mit Fallbeispielen bzw. alltäglichen Entscheidungssituationen zu starten („Was soll ich tun?").

Analoge Alternative

Die Klasse führt ein Schreibgespräch durch, indem sie auf zwei Plakaten schriftlich miteinander über die Begriffe „Gesinnungsethik" und „Verantwortungsethik" diskutiert. Dabei wird nicht gesprochen. Symbole oder Illustrationen sind erwünscht.

Materialhinweise und Infoseiten

- Screencast-Tutorial zu Draw.Chat:
  https://www.youtube.com/watch?v=2qyGEG09Ejs
- Erläuterung der Begrifflichkeiten:
  https://www.youtube.com/watch?v=7soU0xp-3EU
- Das Thema verdeutlicht am Beispiel der Flüchtlingsdebatte:
  https://www.ezw-berlin.de/html/15_6975.php
- Eine Seite des Goethe-Instituts beschäftigt sich mit den verantwortungs- und gesinnungsethischen Maßnahmen der Politik:
  https://www.goethe.de/ins/be/de/spr/eng/end/ztr/21864503.html
- Interessante Fragestellungen aus dem Bereich der Pflegeethik:
  https://pflege-professionell.at/ethik-in-der-pflege

Ethische Grundbegriffe – mit digitalen Rätseltools erkunden

Klasse 5–11

 Doppelstunde

 Wiederholung / Vertiefung

 ethische Grundbegriffe kennen und vertiefen

Beschreibung

Die Schüler*innen erstellen eine Liste mit ethischen Grundbegriffen und wiederholen und vertiefen ihr Wissen mithilfe unterschiedlicher digitaler Tools.

Benötigte Materialien und technische Voraussetzungen

- Smartphone, Tablet, Notebook oder Computer mit Internetzugang pro Person
- Beamer

Ablauf und Methode an einem konkreten Beispiel

- **Setting:** Zum Einstieg erfolgt eine Brainstorming-Phase, bei der die Schüler*innen Begriffe sammeln, die sie bisher oder in der letzten Unterrichtsreihe kennengelernt haben. Das kann z. B. kooperativ erfolgen mithilfe von *https://board.net*. Dabei muss lediglich ein Titel des Boards erstellt werden. Der erzeugte Link wird geteilt und alle können nun ihre Ideen notieren. Die Lehrkraft streicht sofort Doppelungen. Was genau hinter den ethischen Begriffen steckt, soll mithilfe von drei digitalen Tools aufgearbeitet werden. Dazu sollen die Lernenden Suchsel, Kreuzworträtsel und Lückentexte erstellen.
- Zunächst lernt die Klasse die drei Online-Werkzeuge kennen und experimentiert damit. Dazu gibt die Lehrkraft eine kurze Einführung. Da es sich um Online-Tools handelt, bedarf es keiner Registrierung oder Anmeldung:
  - **Suchsel:** Wortsuchrätsel oder Buchstabensalate können auch online spannend und aktivierend gestaltet werden. Auf den Seiten *http://suchsel.bastelmaschine.de* oder *https://www.suchsel.net* befinden sich Suchsel-Generatoren. Dabei werden zunächst Titel und Arbeitsauftrag eingetragen. Dann wird durch die Auswahl der Breite und Höhe die Anzahl der Buchstaben festgelegt. Der Schwierigkeitsgrad kann der Lerngruppe angepasst werden (von links nach rechts, von rechts nach links, von oben nach unten, von unten nach oben, diagonal, diagonal rückwärts). Weitere Voreinstellungen sind möglich: Wörter dürfen sich kreuzen, versteckte Wörter auf das Rätselblatt drucken usw. Nach Fertigstellung kann das Suchsel als PDF abgespeichert und ausgedruckt werden.
  - **Kreuzworträtsel** können online unter *https://www.schulraetsel.de* oder *https://www.xwords-generator.de/de* gestaltet werden. Nach Festlegen des Titels bzw. der Überschrift formulieren die Schüler*innen die Aufgabenstellung (z. B.: „Löse das Kreuzworträtsel und vergleiche deine Antworten mit dem Lösungsblatt!"). Anschließend legen sie die Fragen und Lösungen fest und tragen diese ein. Auch den Schwierigkeitsgrad können sie bestimmen (leicht, mittel und schwer). Entsprechend lang oder kurz ist die Anzahl der Buchstaben für die einzelnen Wörter im Rätselfeld. In der Vorschau kann die Klasse das Layout mit unterschiedlichen Formaten gestalten. Das fertige Kreuzworträtsel wird als PDF gespeichert und kann ausgedruckt werden.
  - Bei einem **Lückentext** lassen die Schüler*innen Buchstaben, Wörter oder Satzteile aus, die dann ergänzt werden sollen. Mit einem Lückentext-Generator können solche Texte online erstellt, gespeichert und ausgedruckt werden (z. B. *www.quizdidaktik.de/lueckedit*).

- Nachdem die Schüler*innen die Begriffe gesammelt und die Werkzeuge erkundet haben, beginnt die Arbeit mit den drei digitalen Werkzeugen.
- Die Lehrkraft stellt die ausgedruckten Ergebnisse allen zur Verfügung, sodass jede*r Schüler*in sein*ihr Wissen über ethische Grundbegriffe wiederholen und vertiefen kann.

Mögliche Fallstricke und Tipps

- Die Methode ist hilfreich am Ende einer Unterrichtsreihe zur Wiederholung oder Vertiefung und zum Einstieg in einen neuen Ethikkurs, um das Vorwissen der Klasse abzufragen.
- Die Online-Tools lassen sich differenziert nutzen und können von der Lehrkraft immer wieder in anderen Klassen eingesetzt werden. So kann im Laufe der Zeit eine Sammlung entstehen, die den Ethikunterricht bereichern kann.

Analoge Alternative

Die genannten Möglichkeiten können auch handschriftlich angefertigt werden. Das verlangt natürlich einige Zeit und sollte daher zu Hause erledigt werden.

Beispiele und Infoseiten

- Für jüngere Klassen eignen sich:
  - Silbenrätsel, bei denen die Schüler*innen Wörter aus vorgegebenen Silben zusammensetzen: https://www.raetsel-fuer-kinder.de/silbenraetsel/ ⎕1
  - Wortschlangen, bei denen die vorgegebenen Buchstaben zu Wörtern verbunden werden: https://www.raetsel-fuer-kinder.de/wortschlangen/ ⎕2
- Anleitung zum Lückentext-Generator: http://pohl-neidhoefer.de/der-lueckentext-generator#more ⎕3
- Anschauliches Tutorial zum kollaborativen Schreiben mit Board.net: https://www.youtube.com/watch?v=mjnck8NSTDI ⎕4

 1
 2
 3
 4

Ethikblog – ein digitales Tagebuch

Klasse 5–13

 unterrichtsbegleitend

 Erarbeitung / Präsentation / Ergebnissicherung

 Präsentation ethischer Themen und Fragestellungen

Beschreibung

Die Schüler*innen schreiben im laufenden Schuljahr regelmäßig Beiträge in einem Ethikblog und präsentieren und vertiefen so die Lerninhalte des Ethikunterrichts.

Benötigte Materialien und technische Voraussetzungen

- Smartphone, Tablet, Notebook oder Computer mit Internetzugang pro Person
- Beamer

Ablauf und Methode an einem konkreten Beispiel

- Setting: Die Kinder und Jugendlichen werden zu Blogger*innen – sie eröffnen einen Ethikblog und begleiten so den aktuellen Unterricht. Sie verfassen Blogbeiträge, in denen die Themen und Fragestellungen des Ethikunterrichts kontrovers und persönlich präsentiert und kommentiert werden. Dazu bietet der Ethikunterricht viele aktuelle Themen (künstliche Intelligenz, Medizinethik, Sterbehilfe usw.). Ein Blog ist eine sehr persönliche Sache und spiegelt vor allem die Meinung des*der Verfassenden wider. Die Schüler*innen schreiben darüber, was sie an einem Thema bewegt. Daher ist ein Blog mehr als ein Protokoll, denn er vertieft ein Thema und beleuchtet es unter verschiedenen Aspekten.
- Der Ethikblog wird als Gruppenblog von der Lehrkraft angelegt, in dem alle Lernenden die Möglichkeit haben, praxisnah Stellung zu nehmen und Interesse für ein Thema zu entwickeln. Da ein Blog eine Art öffentliches Tagebuch ist, werden darin die Themen des Ethikunterrichts verarbeitet.
- Zur kostenlosen Gestaltung eines Blogs bieten sich verschiedene Plattformen bzw. Tools an: Edublog (*https://edublogs.org*), Wordpress (*https://de.wordpress.com*), Bludit (*https://www.bludit.com/de/*), Mahara (*https://mahara.de*), GitHub Pages (*https://pages.github.com*), Getgrav (*https://getgrav.org*), Telegraph (*https://telegra.ph*)
- Die Lehrkraft gibt zunächst eine Einführung in das Thema „Blog" und stellt unterschiedliche Typen vor (z. B. Lehrerblog, Kursblog, Projektblog, Schülerblog, Schulblog). Die Schüler*innen schauen sich unterschiedliche Blogs im Web an:
    - *http://www.afrblog.musin.de*
    - *https://tiefewassersindstill.wordpress.com*
    - *https://blumenfanatiker.wordpress.com*
- Das Schreiben der Blogs erfolgt unterrichtsbegleitend. Die Schüler*innen werden wertschätzend ermuntert, sich auf den Schreibprozess einzulassen. Es handelt sich um einen reflexiven Prozess, bei dem die Schreibenden viel Freiheit haben sollten, um ihre Gedanken zum Thema des Ethikunterrichts auszudrücken.
- Die Kommentarfunktion eines Blogs kann zugeschaltet werden, um neue Impulse für die Lerngruppe von externen Personen zu erhalten. Dabei ist es wichtig, dass die Kommentare vor der Freigabe von der Lehrkraft gelesen werden.
- Nach Fertigstellung der Gruppenblogs werden diese von allen gesichtet und können so zur Wiederholung und Vertiefung des Themas hilfreich sein.

Mögliche Fallstricke und Tipps

- Es ist wichtig, dass sich die Lernenden vor dem Erstellen der Blogs auch mit den rechtlichen Vorgaben (z. B. Datenschutz, Bildrechte) auseinandersetzen.
- Ein Blog kann immer wieder korrigiert und ergänzt werden und bleibt somit aktuell.
- Die Schüler*innen beschäftigen sich bei der Erstellung von Blogbeiträgen nicht nur mit bestimmten Themen, sondern arbeiten kreativ und fördern so ihre Medienkompetenz.
- Ob die Blogs sachlich und methodisch beurteilt werden, sollte die Lehrkraft vorher mit der Klasse besprechen.

Analoge Alternative

Die Schüler*innen schreiben unterrichtsbegleitend ein Tagebuch und notieren darin ihre persönlichen Eindrücke zum Thema des Unterrichts.

Materialhinweise, Beispiele und Infoseiten

- Bludit-Tutorial:
  https://digital-cleaning.de/index.php/bludit-mini-blog-system-ohne-datenbank/ [1]
- Bloggen mit Word:
  https://www.arminhanisch.de/2020/07/bloggen-mit-word/ [2]
- Blogs im Unterricht:
  https://www.lehrer-online.de/unterricht/sekundarstufen/naturwissenschaften/informatik/unterrichtseinheit/seite/ue/soziale-medien-online-communities-wikis-und-blogs/blogs-im-unterricht/ [3]
- In zehn Schritten zum unterrichtsbegleitenden Blog:
  https://www.bpb.de/lernen/digitale-bildung/werkstatt/245358/in-zehn-schritten-zum-unterrichtsbegleitenden-blog [4]
- Bloggen mit Schüler*innen – Organisation und Technik:
  https://rete-mirabile.net/lernen/bloggen-mit-schuelern-technik-organisation/ [5]
- Bloggen in Unterricht und Schule:
  https://profi-blogger.de/bloggen-in-unterricht-und-schule-5-punkte-klaeren [6]
- Beispiel für die Bewertung eines Blogs im Ethikunterricht:
  h*ttps://unterrichten.zum.de/images/c/cd/Weblog-Bewertung.pdf* [7]

1 2 3 4

5 6 7

Ethik – Wie soll ich handeln?

Ethiktalk – der Podcast zu wichtigen Lebensthemen

Klasse 5–13

 gesamtes Schuljahr

 Erarbeitung / Ergebnissicherung

 mediale thematische Auseinandersetzung

Beschreibung

Ein Podcast ist ein Hörbeitrag (Audiodatei), in dem eine Person etwas erzählt oder mehrere Personen sich über ein Thema unterhalten. Meist werden sie in regelmäßigen Abständen präsentiert. Dabei kann ein Sachthema vorgestellt, eine Geschichte erzählt oder ein bestimmtes Ereignis kommentiert werden. Einen bekannten Podcast gab es z. B. in der Corona-Krise mit dem Virologen Christian Drosten. Die Schüler*innen planen, produzieren und teilen einen Podcast, in dem sie regelmäßig Themen des Ethikunterrichts vorstellen und besprechen.

Benötigte Materialien und technische Voraussetzungen

Smartphone, Tablet, Notebook oder Computer mit Internetzugang pro Kleingruppe

Ablauf und Methode an einem konkreten Beispiel

- Setting: Während des gesamten Schuljahres soll ein Podcast den Ethikunterricht begleiten. Dabei erarbeiten jeweils unterschiedliche Teams im Wechsel im Unterricht behandelte Themen.
- Ein Podcast sollte Schritt für Schritt geplant und umgesetzt werden. Dazu sammeln die Lernenden Stichworte, erstellen ein Skript, legen das Format (Vortrag, Gespräch, Interview u. a.) fest und produzieren den Beitrag. Dabei können sich die Podcaster auf die Inhalte des Unterrichts beziehen oder ganz neue Aspekte einbeziehen. Der Podcast sollte vor allem informativ, aber auch unterhaltsam sein. Der zeitliche Rahmen wird vorher festgelegt (z. B. 15 Minuten).
- Der Podcast kann mit einer Sprachaufnahme-App mit dem Smartphone aufgenommen und bearbeitet werden. Dazu gibt es eine Vielzahl von Apps, z. B. Voice Record Pro, AVR PRO (iOS) oder Voice Recorder und Smart Recorder (Android). Dabei können die Aufnahmen auch komfortabel bearbeitet werden (Herausschneiden von Versprechern, Fehlern, Räuspern oder Redepausen, Qualitätsverbesserung usw.). Auch die App Anchor (iOS, Android) ist benutzerfreundlich und kostenlos. Die Aufnahme kann bearbeitet und sogar online gehostet werden.
- Qualität und Größe der Audiodateien hängen mit dem Format (z. B. WAV, MP3, AAC) zusammen.
- Soll die Aufnahme qualitativ hochwertiger werden, ist das Online-Tool Audacity (*https://www.audacity.de*) empfehlenswert. Bei Apple-Geräten ist GarageBand eine gute Wahl (*https://www.apple.com/de/ios/garageband/*).
- In welcher Form die produzierten Ethik-Podcasts veröffentlicht werden, entscheidet die Lerngruppe.

Mögliche Fallstricke und Tipps

- Es ist hilfreich, vor der eigenen Podcast-Produktion Beispiele anzuhören (z. B. bei Spotify oder Apple Podcast).
- Für die Produktion eines Podcasts ist es neben der passenden Software bzw. App auch sinnvoll, ein gutes Mikrofon zu nutzen.
- Einsprechen und Aufnahme sollten eine gute Qualität haben. Daher sind Sprechübungen und die Überprüfung der Technik wichtig, um die Produktion nicht zu verlangsamen.
- Bei der Aufnahme sollten alle darauf achten, dass es keine Störungen und Geräusche von außen gibt.

- Zu viel Nachbearbeitung der Audiodatei ist nicht immer von Vorteil. Eine authentische Originalaufnahme wirkt überzeugender als zu viele Tonexperimente.
- Im Internet gibt es eine Vielzahl an Podcasts, die sich mit ethischen Fragestellungen beschäftigen – eine Recherche lohnt sich!
- Musikalisch begabte Schüler*innen können einen eigenen Jingle (Erkennungsmelodie) für den Podcast produzieren, der jeweils zu Beginn und am Ende erklingt.
- Bei manchen Themen wäre von Interesse, den Podcast der gesamten Schulgemeinschaft zu präsentieren (z. B. in der Pause).

Analoge Alternative

Statt einer digitalen Produktion bieten sich auch Vorträge, Gespräche und Diskussionen an.

Materialhinweise, Beispiele und Infoseiten

- Das philosophische Radio (WDR):
  https://www1.wdr.de/mediathek/audio/wdr5/wdr5-das-philosophische-radio/index.html [1]
- Audioaufnahmen mit Audacity:
  https://www.youtube.com/watch?v=jnt3VFcO2E8&feature=emb_logo [2]
- Podcasts in der Schule erstellen (Padlet mit Materialien, Beispielen und Ideen):
  https://padlet.com/TRaue/Podcast [3]
- Freie und kostenlose Musik und Geräusche:
  https://www.medienpaedagogik-praxis.de/kostenlose-medien/freie-musik/?fbclid=-IwAR0e2MnGJaP0bK9_vwWuDKG-ibconQ6FPB6chRbUSI7MGt5ArGGZTRx1dVQ [4]
- Podcasts mit iPads erstellen:
  https://bankhoferedu.com/2019/02/06/podcastserstellen/ [5]
- Arbeitsblatt „Podcasting Script":
  https://www.tutory.de/bereitstellung/dokument/b022a80a [6]
- Linksammlung zum Thema „Audio-Podcast":
  https://wakelet.com/wake/7f9e98b9-cd9c-4e28-9034-1685329a3738 [7]
- Podcast zum Thema „Bioethik":
  https://funkkolleg-biologie.de/files/2017/11/Ethiken-und-Bioethik-Folge-02-Download.mp3 [8]

1   2   3   4

5   6   7   8

Ethik – Wie soll ich handeln?

Entscheide dich! – moralisch-ethische Gedankenexperimente

Klasse 9–13

 2 Doppelstunden

 Erarbeitung / Präsentation

 Entscheidungen treffen und begründen

Beschreibung

Die Schüler*innen setzen sich mit Entscheidungssituationen auseinander, um dann eine begründete Handlungsentscheidung treffen zu können.

Benötigte Materialien und technische Voraussetzungen

- Smartphone oder Tablet mit Kamera, Notebook oder Computer mit Internetzugang pro Kleingruppe
- Beamer

Ablauf und Methode an einem konkreten Beispiel

- Setting: Als Einstieg in das Thema zeigt die Lehrkraft den Kurzfilm „Geiger" (*https://www.youtube.com/watch?v=8lZCmSZhIPo*), in dem es darum geht, in einer schwierigen Situation eine Entscheidung zu treffen: [1]
  - Ein Mann leidet an einer tödlichen Nierenkrankheit. Nur du kannst ihm durch eine Blutspende das Leben retten, weil du dieselbe Blutgruppe hast. Die Anhänger des Geigers haben dich entführt, um ihn zu retten. Du bist mit Infusionsschläuchen mit ihm verbunden. Die Therapie dauert neun Monate. Wie entscheidest du dich? Löst du die Infusion und fliehst oder bleibst du neun Monate liegen? Was ist wichtiger: deine Selbstbestimmung oder das Lebensrecht des Geigers?
  - Der Film überträgt die Entscheidungssituation auf die einer ungewollt schwangeren Frau, die abtreiben will. Auch hier stellt sich die Frage, welches Recht stärker wirkt: das Lebensrecht des Fötus oder das Selbstbestimmungsrecht der Frau?
- In einem Unterrichtsgespräch wird erarbeitet, worum es in dem dargestellten Beispiel geht. Die Klasse kann Pro- und Kontra-Argumente sammeln und ihre Entscheidungen begründen. Dabei wird deutlich, dass Entscheidungssituationen Handlungen erfordern, die ethisch-moralisch begründet werden müssen.
- Gibt es Kriterien, die mir bei der Entscheidung helfen können? Handle ich aus Pflicht, aus einem Zweck oder als Selbstzweck? Oder genügt lediglich der gute Wille?
  Mit der Frage nach dem verantwortungsbewussten und richtigen Handeln beschäftigen sich vor allem die Philosophen seit Jahrhunderten. Dabei haben sich unterschiedliche Moraltheorien entwickelt, die die Lehrkraft den Lernenden kurzgefasst vorstellt (z. B. Utilitarismus, Pflichtethik, Tugendethik, Deontologie, Konsequentialismus, Diskursethik, Kontraktualismus). Es herrscht eine ethische Pluralität und letztlich muss der einzelne Mensch abwägen und entscheiden.
- Es folgt eine kritische Auseinandersetzung mit den einzelnen Theorien und eine Vertiefung anhand weiterer Beispiele. Dazu bietet die Seite Filosofix Gedankenexperimente in Form von animierten Kurzfilmen an: *https://www.srf.ch/kultur/gesellschaft-religion/filosofix/* [2]
- Auf dem Hintergrund der Moraltheorien und Arbeitsmaterialien setzen sich Arbeitsgruppen mit unterschiedlichen Beispielen auseinander. Die Ergebnisse fassen sie in kurzen Videos (ca. zwei Minuten) zusammen. In dem Feature werden das Problembeispiel und die Aspekte der Diskussionen vorgestellt. Am Ende sollte eine Frage als Impuls für die Klasse stehen.
- Die Kurzfilme werden mit Smartphones aufgenommen und in einem von der Lehrkraft bereitgestellten Padlet (*https://padlet.com/*) präsentiert. Dazu stellt die Lehrkraft die Linkadresse bereit und gibt

den Lernenden Schreibrechte. So können sich alle Schüler*innen alle Kurzfilme in Ruhe zu Hause ansehen und sich mit der Problemfrage auseinandersetzen. Hier kann in der Folgestunde angesetzt werden.

Mögliche Fallstricke und Tipps

- Die Gedankenexperimente bieten teils ein hohes Anspruchsniveau und bedürfen daher einer guten Begleitung durch die Lehrkraft. Neben der intellektuellen Herausforderung können die Beispiele auch emotional unterschiedlich wirken. Das sollte die Lehrkraft bei der Planung beachten.
- Die Schüler*innen erhalten eine Erläuterung, wie sie ihre Filme auf das Padlet uploaden können.
- Für einen anschaulichen Zugang können auch Dilemma-Situationen aus dem eigenen Leben als Einstieg dienen. Dabei könnte die Lehrkraft zur Motivierung mit einem eigenen Beispiel vorangehen.

Analoge Alternative

- Die Gedankenexperimente werden als Lesetext ausgedruckt und besprochen.
- Die Schüler*innen entwickeln eigene Gedankenexperimente, z. B.: „Stell dir vor, du kannst Geräte mithilfe deiner Gedanken beeinflussen. Wie würde das das Verhalten der Menschen und das soziale Leben verändern?"

Materialhinweise, Beispiele und Infoseiten

- Unterrichtsmaterialien zu einzelnen Gedankenexperimenten:
  https://www.srf.ch/sendungen/myschool/filosofix-1   　3
- Kurze Erläuterung der Begriffe „teleologische" und „deontologische Ethik":
  https://www.youtube.com/watch?v=M67pQ4j7_9w   　4
- Die Pflichtethik von Immanuel Kant:
  https://www.youtube.com/watch?v=qC3Gh71no00   　5
- Utilitarismus einfach erklärt:
  https://www.youtube.com/watch?v=LVUleIFpsVw   　6
- Nikomachische Ethik:
  https://www.youtube.com/watch?v=htN2iA67YXE   　7

 1

 2

 3

 4

 5

 6

Ethik – Wie soll ich handeln?

Ethische Fragestellungen in den Weltreligionen – ein digitales Stationenlernen

Klasse 7–13

- ca. 4 Doppelstunden
- Erarbeitung / Präsentation
- Förderung interreligiöser Kompetenzen, Positionen der Weltreligionen zu ausgesuchten ethischen Fragestellungen erarbeiten und präsentieren

Beschreibung

Im Ethikunterricht betrachten die Schüler*innen in einem kleinen Projekt spezifische ethische Fragestellungen (z. B. Schwangerschaftsabbruch, Todesstrafe, Sterbehilfe, Organspende) aus dem Blickwinkel der großen Weltreligionen Christentum, Judentum, Islam, Hinduismus und Buddhismus.

Benötigte Materialien und technische Voraussetzungen

- Tablet, Notebook oder Computer mit Internetzugang pro Person
- Beamer

Ablauf und Methode an einem konkreten Beispiel

- Setting: Die Schüler*innen entwickeln in einem Projekt ein digitales Stationenlernen zu ethischen Fragestellungen in den Weltreligionen.
- Die Lehrkraft gibt der Klasse zunächst die Möglichkeit, sich (nochmals) mit den Grundzügen der Weltreligionen auseinanderzusetzen. Dazu bieten sich unterschiedliche Medien an:
  - Steckbriefe der fünf Weltreligionen:
    https://www.rbb-online.de/schulstunde-glaube/unterrichtsmaterial/Was_ist_Glaube/2_A_2_Steckbriefe.file.html/B_schlau_Steckbriefe.pdf
  - Auf YouTube findet sich eine Reihe mit kurzen Erläuterungen zu den einzelnen Weltreligionen: Eine Religion in (fast) fünf Minuten. Christentum erklärt / Judentum erklärt usw.:
    https://www.youtube.com/watch?v=10mdxRtpqUQ
  - Ein Learning Snack:
    https://www.learningsnacks.de/#/welcome?channel=Learning%20Snacks&filter&q=Weltreligionen
  - Ein LearningApps-Zuordnungsspiel:
    https://learningapps.org/2468011
- Diese Einführung bzw. Wiederholung der Grundinformationen zu den Weltreligionen soll gleichzeitig als methodische Motivation für die Projektarbeit dienen.
- Gemeinsam werden unterschiedliche ethische Fragestellungen und Themen gesammelt (z. B. Todesstrafe, Abtreibung, Organspende, Ehebruch, Krieg). Anschließend werden Gruppen gebildet, die sich in ein Thema einarbeiten und sich damit kritisch auseinandersetzen. Offizielle Verlautbarungen als Orientierungshilfen, Begriffserklärungen oder Interviews mit Religionsvertreter*innen (s. YouTube) bieten inhaltliche Informationen. Es geht also darum, Wissen und Informationen zu sammeln, sich damit auseinanderzusetzen und die Ergebnisse medial aufzubereiten.
- Die Ergebnisse werden mithilfe unterschiedlicher Medien verarbeitet (z. B. Book Creator, Podcast, Kahoot-Quiz, Learning Snack, LearningApps, Erklärfilm, Interview, Infografik) und in einem digitalen Stationenlernen präsentiert. Eine Einführung in unterschiedliche digitale Tools und Werkzeuge bietet die Digitale Werkzeugkiste:
  https://padlet.com/ajoth1/lw122tw6u4oh

- Um den technischen Aufwand möglichst gering zu halten, können an den einzelnen Stationen Informationen und Anregungen über QR-Codes zur Verfügung gestellt werden. Dazu eignen sich z. B. die QR-Code-Generatoren *http://goqr.me/de/* oder *https://www.qrcode-monkey.com/de*.

Mögliche Fallstricke und Tipps

- Es ist wichtig, dass die Stationen gut vorbereitet werden. Dabei kann z. B. eine gemeinsam erarbeitete Checkliste hilfreich sein.
- Die Klasse kann das Projekt der Schulgemeinschaft (z. B. im Pausenraum) vorstellen, wobei ein Quiz, das sich auf alle Stationen bezieht, sehr anregend wirken kann.

Analoge Alternative

Ein Stationenlernen lässt sich auch analog umsetzen mit schön gestalteten Infoplakaten, Collagen oder spannenden Kurzvorträgen.

Beispiele und Infoseiten

- So stehen die Weltreligionen zum Thema „Abtreibung":
  https://www.srf.ch/kultur/gesellschaft-religion/abtreibung-und-religion-so-stehen-die-weltreligionen-zum-thema-abtreibung
- Die 5 großen Weltreligionen (die Seite ist für Kinder gut geeignet):
  https://www.kindersache.de/bereiche/wissen/andere-laender/die-5-grossen-weltreligionen
- Linksammlung zu den Weltreligionen:
  https://www.weltethos.org/internet-seiten%20(links)/

1

2

3

4

5

6

7

8

Künstliche Intelligenz – Chancen und Grenzen

Klasse 9–13

 Doppelstunde

 Erarbeitung

 Chancen und Grenzen der künstlichen Intelligenz (KI) erarbeiten und analysieren

Beschreibung

Die Schüler*innen setzen sich mit dem Thema KI kritisch auseinander und vertiefen das Thema am Beispiel des selbstfahrenden Autos. Was spricht für bzw. gegen die Autonomisierung von Fahrzeugen?

Benötigte Materialien und technische Voraussetzungen

- Smartphone, Tablet, Notebook oder Computer mit Internetzugang pro Person
- Beamer
- Zugangscode zum onlinebasierten Tool Menti (*https://www.menti.com*)

Ablauf und Methode an einem konkreten Beispiel

- Setting: KI ist eine Art Trendtechnologie im digitalen Zeitalter: Aufgrund von Daten und Algorithmen können statische Systeme Muster erkennen und eigenständig korrigieren. Um den Begriff KI genauer zu erfassen, erstellt die Lehrkraft mit der Suchselmaschine (*http://suchsel.bastelmaschine.de*) ein Worträtsel. Dazu sammelt sie zunächst Begriffe aus dem Bereich der KI (z. B. maschinelles Lernen, Smart Home, assistiertes Fahren) und erstellt einen Buchstabensalat, der als PDF gespeichert und ausgedruckt werden kann. Die Schüler*innen suchen in dem Suchsel die Begriffe und recherchieren nach kurzen Erläuterungen. Die Liste kann erweitert werden.
- Eine Definition von KI wird gemeinsam formuliert. Als konkretes Beispiel stellt die Lehrkraft die Suchselmaschine vor und verdeutlicht die Möglichkeiten des automatischen Generators.
- Im nächsten Schritt stellen sich die Schüler*innen die Frage: Wo erfahre ich den Einfluss von KI in meinem Alltag? Dabei spielt nicht nur Google eine Rolle. Das Brainstorming wird mit dem digitalen Tool Mentimeter (*https://www.mentimeter.com*) angelegt. Die Klasse erhält einen Zugangscode und kann unter *https://www.menti.com* Einträge formulieren. Dabei entsteht für alle sichtbar eine Wortwolke. Die Schüler*innen können anschließend ihre Erfahrungen mit der KI im Alltag erläutern.
- In der nächsten Phase vertiefen die Schüler*innen ihr Wissen und die persönlichen Erfahrungen mit der KI an einem konkreten Beispiel, dem selbstfahrenden Auto.
- Dazu stellt die Lehrkraft die Moralmaschine vor, die vom Massachusetts Institute of Technology (MIT) entworfen wurde (*http://moralmachine.mit.edu/hl/de*). Dabei werden verschiedene Situationen mit variierenden Verkehrsteilnehmenden und entsprechenden Fragen verknüpft: Was soll das selbstfahrende Auto machen? Soll ich eine*n Rentner*in überfahren, der*die bei Rot die Straße überquert oder fahre ich gegen eine Betonwand, sodass alle Insass*innen sterben könnten? Nehme ich bei einem Unfall eher den Tod eines alten Menschen in Kauf oder den eines Kindes? [1]
- Die Moralmaschine wirft viele ethische Fragen auf, mit denen sich die Schüler*innen beim Spiel auseinandersetzen können. Den Forscher*innen ging es vor allem um die Frage, welche ethischen Vorstellungen bei der Programmierung selbstfahrender Autos zu berücksichtigen sind.
- Die Ergebnisse der Studie und weitere Gedanken finden sich hier: *https://www.dw.com/de/autonome-autos-hilft-uns-die-moral-machine-weiter/a-46053792* [2]
- Die deutsche Ethikkommission schreibt in ihrem Bericht „Autonomes und vernetztes Fahren" (*https://www.bmvi.de/SharedDocs/DE/Publikationen/DG/bericht-der-ethik-kommission.html?nn=12830*), dass in Unfallsituationen die Qualifizierung der Menschen nach Alter, Geschlecht o. Ä. untersagt ist. [3]

- Die Klasse diskutiert in der Abschlussphase die Chancen und Grenzen der KI am konkreten Beispiel: Welche Verantwortung ergibt sich daraus für den Menschen (Programmierende, Nutzende …)?

Mögliche Fallstricke und Tipps

- Die Suchselmaschine bietet viele Einstellungsmöglichkeiten und kann so an die Lerngruppe angepasst werden (Schwierigkeitsgrad, Leserichtung usw.).
- Mögliche Leitfragen zur KI: Werden die Maschinen irgendwann die Herrschaft übernehmen? Ist es vertretbar, dass der Mensch immer mehr optimiert wird, sodass er mit der KI verschmilzt? Geht es um technischen oder um wirtschaftlichen Erfolg? Wie kann ich verantwortungsvoll mit KI umgehen?

Analoge Alternative

- Die Schüler*innen schreiben Erfahrungsberichte über ihre eigenen Erlebnisse mit dem Mäh- oder Saugroboter, dem Autocomputer oder der Googlesuche.
- Die Klasse entwickelt eine Talkshow, in der unterschiedliche Personen miteinander diskutieren (z. B. Ingenieur*in, Politiker*in, Manager*in, Theolog*in, Unfallopfer).

Beispiele und Infoseiten

- Interessante Handreichung des Bundesverbandes Digitale Wirtschaft:
  https://www.bvdw.org/fileadmin/bvdw/upload/dokumente/BVDW_Digitale_Ethik.pdf 4
- Studie des MIT im Fachmagazin Nature (in englischer Sprache):
  https://www.nature.com/articles/d41586-018-07135-0 5
- Zusammenfassung der Umfrageergebnisse:
  https://www.mdr.de/wissen/faszination-technik/moral-machine-autonomes-fahren-leben-tod-entscheidung-100.html 6
- Künstliche Intelligenz: Was steckt dahinter?
  https://www.handysektor.de/artikel/kuenstliche-intelligenz-koennen-maschinen-bald-alles-besser-als-du 7

1

2

3

4

5

6

7

Transidentität bei Kindern und Jugendlichen – ein Ethik-Twitterchat

Klasse 7–13

 2 Doppelstunden

 Erarbeitung

 virtueller Austausch

Beschreibung

Die Schüler*innen nutzen einen für den Ethikunterricht angelegten Twitter-Account (z. B. @Twitter-EthikChat), um sich über ein kontroverses Unterrichtsthema auszutauschen und Position zu beziehen. Twitter ist ein kostenloses soziales Netzwerk, auf dem die Nutzer*innen auf einem eigenen Account Kurznachrichten senden können. Man kann anderen folgen, eigene Follower haben, Tweets mit Hashtags versehen (damit diese gefunden werden), andere Tweets liken oder kommentieren usw.
Ein besonderes Treffen im Netz ist ein Twitterchat, wobei zu einem festgelegten Zeitpunkt unter Verwendung eines vereinbarten Hashtags ein Austausch stattfindet.

Benötigte Materialien und technische Voraussetzungen

- Smartphone, Tablet, Notebook oder Computer mit Internetzugang pro Person
- Beamer
- Twitter-Accounts anlegen (*https://twitter.com/*)

Ablauf und Methode an einem konkreten Beispiel

- **Setting:** Die Schüler*innen setzen sich in einer kurzen Einheit mit dem Thema der „Transidentität bei Kindern und Jugendlichen" auseinander. Dabei steht die empfundene geschlechtliche Identität der Betroffenen im Widerspruch zu der ihnen zugeschriebenen Geschlechterzugehörigkeit. Es stellt sich die Frage nach den therapeutischen Hilfen und Maßnahmen. Es ist eine ethische Reflexion mit Blick auf einen angemessenen medizinischen, psychologischen und gesellschaftlichen Umgang mit der Transidentität erforderlich.
- In dem geplanten Twitterchat nehmen die Schüler*innen Rollen bestimmter Expert*innen ein, die vorher festgelegt werden (z. B. Mediziner*in, Medizinethiker*in, Jurist*in, Eltern, Pädagog*in, Sozialarbeiter*in, Theolog*in, Psycholog*in). Die Lernenden erhalten ihre Rollen und setzen sich in Gruppen mit den jeweiligen Positionen auseinander. Dabei kann u.a. die Ad-Hoc-Empfehlung des Deutschen Ethikrats hilfreich sein:
https://www.ethikrat.org/mitteilungen/2020/deutscher-ethikrat-veroeffentlicht-ad-hoc-empfehlung-zu-trans-identitaet-bei-kindern-und-jugendlichen/ [1]
- Die Lehrkraft bereitet den Twitterchat vor. Dazu legt sie Accounts für die einzelnen Expert*innen an (z. B. @Transidentitaet_Mediziner). Wichtig ist vor allem der gemeinsame Hashtag, mit dem die einzelnen Tweets gekennzeichnet werden müssen (z. B. #Transidentitaet).
- Der Chat muss zeitlich und inhaltlich genau geplant werden (09:00 F1: Was ist Transidentität? 09:10 F2: Wie äußert sich die Transidentität bei Kindern und Jugendlichen? usw.). Ein*e Moderator*in ruft die Fragen zum vereinbarten Zeitpunkt auf. Die Antwort wird mit einem A (also A1, A2 etc.) gekennzeichnet. Der Chat sollte höchstens 60 Minuten dauern.
- Zu Beginn des Chats begrüßt der*die Moderator*in die Runde und die Teilnehmenden stellen sich kurz vor. Dann beginnt die Frage-/Antwortrunde. Dabei können die Chat-Teilnehmenden nicht nur Stellung beziehen, sondern auch auf die Beiträge anderer reagieren (Sprechblase).
- Zur Nachbesprechung und Reflexion wird eine Twitterwall genutzt.

Mögliche Fallstricke und Tipps

- Transidentität ist zwar in den letzten Jahren immer wieder Thema in den Medien, trotzdem ist es ein heikles Thema, das mit der entsprechenden Sensibilität im Unterricht behandelt werden sollte.
- Mögliche Leitfragen: Welche therapeutischen Vorgehensweisen gibt es? Welche sind angemessen? Sollten sie ganz unterlassen werden? Welche Rolle spielen Kinderrechte und Kindeswohl? Dürfen gegengeschlechtliche Hormone ohne Zustimmung der Betroffenen verabreicht werden?
- Der Twitterchat kann auch mit einem Klassenaccount durchgeführt werden. Dabei muss bei jedem Tweet der Name des*der Nutzer*in genannt werden.
- Twitter ist ein öffentlicher Kanal, bei dem alle mitlesen können. Die Accounts sollten/können daher nach dem Chat gelöscht werden.
- Zwei Twitterchats für und von Lehrer*innen lauten #relichat und #edchatDE.
- Für Lehrkräfte bietet das #twitterlehrerzimmer interessante und anregende Impulse und Diskussionen.

Analoge Alternative

Ein Chat lässt sich gut in analoger Form als Schreibgespräch auf verschiedenen Frageposter umsetzen.

Beispiele und Infoseiten

- Kommentar zu einer Podiumsdiskussion des Deutschen Ethikrates:
  https://www.siegessaeule.de/magazin/4606-trans-identität-bei-kindern-und-jugendlichen/ `2`
- Deutschlandfunk: „Wie umgehen mit Transidentität bei Kindern?":
  https://www.deutschlandfunkkultur.de/geschlecht-und-identitaet-wie-umgehen-mit-transidentitaet.2162.de.html?dram:article_id=470815 `3`
- Twitterchat einfach erklärt:
  http://jenslindstroem.de/2019/01/19/wie-funktioniert-ein-twitter-chat/ `4`
- Für Lehrkräfte ist Twitter eine hilfreiche Plattform zum Vernetzen und Austauschen:
  http://jenslindstroem.de/2019/03/22/twitteralslehrerfortbildung `5`

1   2   3   4   5

Triage – Entscheidung über Leben und Tod

Klasse 7–13

- Doppelstunde
- Erarbeitung / Präsentation
- Auseinandersetzung mit dem ethischen Konflikt einer Triage

Beschreibung

In der Medizin wird eine Situation als Triage bezeichnet, wenn es um die Frage geht, welche Patient*innen bei einer Katastrophe oder einem Notfall ausgewählt werden, die zuerst eine medizinische Versorgung erhalten. Wer darf weiterleben? Diese Frage stellte sich vielerorts im Jahre 2020 in der Corona-Krise, als die Intensivstationen vieler Länder überfüllt waren. Die Schüler*innen setzen sich mit dem Thema kritisch und kontrovers auseinander.

Benötigte Materialien und technische Voraussetzungen

- Tablet, Notebook oder Computer mit Internetzugang pro Person
- Drucker

Ablauf und Methode an einem konkreten Beispiel

- Setting: Als Einstieg und Hinführung zum Thema „Triage" nutzt die Lehrkraft – je nach Lerngruppe – den Filmbeitrag „Italien im Kampf gegen das Coronavirus zwischen Tod, Angst und Hoffnung" (*https://www.youtube.com/watch?v=bqLNWcrd9j0*) oder „Triage in der Corona-Krise: Entscheidung über Leben und Tod" (*https://www.youtube.com/watch?v=kJhjF-TddNA&feature=emb_logo*).
- In vielen Ländern ist das Gesundheitssystem während der Corona-Krise an ihre Grenzen geraten. In Italien waren im Frühjahr 2020 die Intensivstationen überfüllt und man wusste nicht mehr, wo die Patient*innen untergebracht werden sollten. Wenn es mehr Kranke als Betten gibt, muss ausgesucht werden, wer die Behandlung erhält und wer nicht. Wer trifft diese Entscheidung und welche Kriterien und Aspekte werden herangezogen?
Zum Beispiel: Alter, Schwere der Covid-19-Erkrankung, weitere Krankheiten, Überlebenswahrscheinlichkeit im Vergleich zu anderen, sozialer Status, Mangel an Beatmungsgeräten usw.
Jeder kranke Mensch soll gleichwertig behandelt werden und keine*r wird ausgeschlossen. Doch letztlich wird der Mensch gerettet, der die höchste Lebenserwartung hat.
- In einer ersten kurzen Diskussion nach dem visuellen Impuls beziehen die Schüler*innen Stellung zu dem aufgezeigten Problem: Welche Argumentation ist für mich nachvollziehbar und welche lehne ich ab? Dabei sollen die Schüler*innen die Begründungszusammenhänge im Blick behalten. Sie vertiefen anschließend das Thema mit Informationen der Quarks-Seite: „Was das Triage-System zu bedeuten hat" (*https://www.quarks.de/gesundheit/medizin/was-das-triage-system-zu-bedeuten-hat/*)
- Da das Thema zu emotionalen Diskussionen führen kann, wird ein anderes Medium für den Austausch genutzt: das kollaborative Whiteboard WBO (*https://wbo.ophir.dev*). Die Werkzeuge sind selbsterklärend und eine Registrierung ist nicht notwendig. Es kann gemalt, geschrieben und gekritzelt werden. So sollen die vielen Eindrücke zum Thema „Triage" kreativ aufgearbeitet und visualisiert werden.
- Wegen der Übersichtlichkeit ist es sinnvoll, mehrere Gruppen zu bilden. Bei der Arbeit soll nicht gesprochen werden. Die Maus bzw. der Stift sind die einzigen Werkzeuge zum Ausdrücken von Meinungen, Fragen oder Emotionen. So entsteht ein buntes Meinungs- und Gefühlsbild.

- Die Ergebnisse werden zunächst in den Arbeitsgruppen angeschaut und nicht besprochen, denn die Werke sprechen für sich. Anschließend werden alle Produkte ausgedruckt oder an unterschiedlichen Monitoren präsentiert. Alle schauen sich die Ergebnisse in Ruhe an. Am Ende hat jede*r die Möglichkeit, seine*ihre Eindrücke in einem Satz auszudrücken.

Mögliche Fallstricke und Tipps

- Die Lehrkraft sollte beachten, dass die Jugendlichen sehr unterschiedliche Erfahrungen mit der Corona-Krise haben und das Thema emotional unterschiedlich aufgenommen werden kann. Daher ist es wichtig, ein gutes Gleichgewicht von ethischer Perspektive und persönlicher Erfahrung zu finden.
- Besonders hilfreich wäre natürlich eine Liveschaltung zu einem*einer Mediziner*in oder ein persönlicher Besuch im Unterricht. Diese*r könnte die Schüler*innen mit eigenen Erfahrungen zum Thema hinführen.

Analoge Alternative

Die Schüler*innen besuchen eine Intensivstation in einem örtlichen Krankenhaus und kommen ins Gespräch mit Mediziner*innen und Pflegepersonal.

Beispiele und Infoseiten

- Das Notfalldringlichkeitssystem und wie die Patient*innen in eine Kategorie eingeteilt werden, erläutert eine Ärztin:
  https://www.youtube.com/watch?v=eMrJb31TkXE 【4】
- „On the same Page" heißt ein weiteres kollaboratives Online-Werkzeug:
  https://onthesamepage.online/about 【5】
- Kollaborative Tools zum Erarbeiten von Inhalten:
  https://byte42.de/medienscouts/allgemein/kollaborative-tools-zum-erarbeiten-von-inhalten/ 【6】
- In den folgenden Unterrichtsanregungen geht es um die Frage, ob es vernünftig ist, „den Wert eines Menschenlebens nach seinem Nutzen in Relation zu einem anderen Menschenleben aufzuwiegen" – „Ein Gedankenexperiment – Wer darf überleben?":
  https://www.rpi-loccum.de/corona/BBS/Ein-Gedankenexperiment 【7】

1　　2　　3　　4

5　　6　　7

„Mein Name ist Mensch" – eine Spurensuche

Klasse 5–13

 3 Doppelstunden

 Erarbeitung / Präsentation

 Auseinandersetzung mit Menschenbildern

Beschreibung

Was ist ein Mensch und was macht ihn aus? Diese Frage versuchten bereits viele Expert*innen wie Mediziner*innen, Psycholog*innen, Biolog*innen oder Philosoph*innen zu beantworten. Die Klasse macht sich auf eine Spurensuche, um die Frage zu ergründen und Impulse zum Nachdenken und zur Urteilsbildung zu finden. Dazu nutzt sie unterschiedliche Medien.

Benötigte Materialien und technische Voraussetzungen

- Smartphone, Tablet, Notebook oder Computer mit Internetzugang pro Person
- Beamer
- Registrierung der Lehrkraft bei Padlet (*https://padlet.com*), Padlet anlegen und Links für die Schüler*innen generieren

Ablauf und Methode an einem konkreten Beispiel

- **Setting:** Die Lehrkraft bereitet ein Padlet (Format Leinwand) mit zehn verschiedenen untergeordneten Teilen vor. Die Aufgabe aller Schüler*innen besteht darin, den Text so zusammenzusetzen, dass er einen Sinn ergibt. Die Teile lauten: ist ein Mensch / dass er stirbt / und der sagen kann / dass er stirbt / der stirbt / Definition / wie ein Hund / ein Hund / und der weiß / dass er weiß / wie ein Hund.
- Es werden unterschiedliche Ergebnisse herauskommen, die die Schüler*innen vorstellen und diskutieren. Das Original stammt von Erich Fried und hat den Titel „Definition". Ein*e Schüler*in sucht im Internet den Text von Erich Fried und liest ihn laut vor.
- In dem Text geht es um die Frage, was den Menschen im Gegensatz zum Tier ausmacht. Für den Autor ist dies das Wissen um seine Sterblichkeit. Und der Mensch kann dies auch verbal ausdrücken. Die Lehrkraft ordnet den Text in der richtigen Reihenfolge an. Es kann eine Diskussion um die Aussage des Textes entstehen. Die entscheidende Frage „Was ist der Mensch?" sollte sichtbar werden.
- In der folgenden Projektarbeit machen sich die Schüler*innen in Kleingruppen auf Spurensuche. Dabei sollen sie unterschiedliche Medien wie Texte, Filme, Lieder oder Bilder nutzen.
- Die Lehrkraft stellt auf einem weiteren Padlet unterschiedliche Medien zur Verfügung, die die Schüler*innen ergänzen können, z. B.:
  - Songs: Herbert Grönemeyer – „Mensch", Ton Steine Scherben – „Mein Name ist Mensch", Die Toten Hosen – „Mensch"
  - Kurzfilme (bei YouTube): „0–100 years in the Netherlands", "Danielle official", „George grows"
- Die Klasse sucht weitere Beispiele aus der Literatur und Kunst. Die Fundstücke werden ebenfalls in das von der Lehrkraft angelegte Padlet eingestellt.
- Die Arbeitsgruppen diskutieren die Erkenntnisse aus der Sichtung der unterschiedlichen Medien immer auf dem Hintergrund der Ausgangsfrage.
- In einem letzten Schritt richten die Schüler*innen wieder den Blick auf den Impulstext von Erich Fried. Sie versuchen eine neue „Definition" zur Frage „Was ist der Mensch?" zu formulieren. Dabei sind vor allem kreative Wortspiele erwünscht. Die Form ist den Gruppen selbst überlassen. Die Ergebnisse werden ebenfalls in einer Präsentationsspalte des Padlets aufgeführt, sodass sie für alle zugänglich sind.

Mögliche Fallstricke und Tipps

- Die Schüler*innen können ihre Ergebnisse in einem Kurzfilm oder einem Minibuch (*https://mediendidaktik.jimdofree.com/minibook*) zusammenfassen.
- Die Arbeitsgruppen achten immer auf die Ausgangsfrage.
- Mithilfe der gefundenen und selbst erstellten Materialen könnten die Schüler*innen eine Themenshow inszenieren, zu der andere Klassen eingeladen werden.
- Die Frage nach dem Menschsein führt auch zu der Frage: „Wer bin ich selbst?"

Analoge Alternative

Die Klasse führt eine Diskussion über die Frage nach dem Menschsein und bewertet die unterschiedlichen Positionen. Das kann in einer Talkshow münden, in der sich unterschiedliche Expert*innen kontrovers austauschen.

Beispiele und Infoseiten

- Mensch – Welt – Gott (Ev. Kirche im Rheinland):
  https://www.mensch-welt-gott.de/was-ist-der-mensch.php
- Was ist der Mensch? Ein kritischer sozialethischer Blick auf Karl Marx:
  https://www.kas.de/documents/252038/253252/7_dokument_dok_pdf_52717_1.pdf/abdc1b4f-64ce-dd13-5bf1-6f07f44d5b01
- Was ist der Mensch? (Frag den Lesch, ZDF):
  https://www.zdf.de/wissen/frag-den-lesch/was-ist-der-mensch-104.html
- Collagen eines Philosophie-Grundkurses:
  https://www.gks-berlin.de/was-ist-der-mensch
- Martin Buber setzt bei der Frage nach dem Menschsein auf Beziehung (BR Podcast):
  https://www.br.de/mediathek/podcast/radiowissen/martin-buber-was-ist-der-mensch/1797252
- Quizlet Anthropologie:
  https://quizlet.com/de/410443495/4-anthropologie-wesen-des-menschen-was-ist-der-mensch-abgrenzung-vom-tier-mangelwesen-mensch-gehlen-flash-cards/
- Was ist der Mensch? (Rechtsphilosophie):
  https://www.juraforum.de/lexikon/mensch

 1
 2
 3
 4
 5
 6
 7

Dem Menschsein auf der Spur

Sei der Held deines Lebens! – Onlineberatungen auf dem Prüfstand

Klasse 9–13

 2 Doppelstunden

 Erarbeitung / Präsentation

 Lebenshilfeangebote im Internet kritisch bewerten

Beschreibung

Wie kann mein Leben gelingen? Was muss ich tun, um glücklich zu werden? Die Jugendlichen versetzen sich in die Rolle eines Coaches, der Menschen berät und ihnen Selbstbewusstsein und Selbstvertrauen näherbringen will. Um aber kompetent handeln zu können, müssen sie sich vorher selbst schulen und mit unterschiedlichen Modellen vertraut machen.

Benötigte Materialien und technische Voraussetzungen

- Smartphone, Tablet, Notebook oder Computer mit Internetzugang pro Kleingruppe
- Beamer

Ablauf und Methode an einem konkreten Beispiel

- Setting: Es geht in dieser Einheit um die Frage, wie Menschen ihr Leben positiv gestalten und durch ihr Selbstvertrauen ein zufriedenes Leben führen können. Gibt es ein Rezept dafür? Das Internet bietet eine Flut an Angeboten, die nicht immer seriös sind. Die Schüler*innen sollen einige Onlineangebote kritisch sichten und eine Checkliste erstellen, aus der deutlich hervorgeht, auf was der*die Suchende achten sollte, wenn er*sie seine*ihre Persönlichkeit stärken will.
- Vor Beginn der Recherche werden zunächst gemeinsam einige Bewertungsgrundlagen formuliert: Was beinhaltet das Angebot (methodisch, fachlich, persönlich)? Muss der*die Nutzende das Angebot bezahlen? Ist das Angebot seriös und wer steckt dahinter (Impressum)?
- Es werden Kleingruppen gebildet, die die Angebote aufgrund der entwickelten Kriterien kritisch sichten und sich dazu Notizen machen.
- Die folgenden Angebote bieten eine unsortierte Vorauswahl zum Einstieg in das Thema:
  - „99 Lebensweisheiten, die dich zu wahrer Größe führen":
    https://www.endlichlebendig.de/lebensweisheiten/
  - Heldenreise – ein Weg zur Persönlichkeitsbildung (Seminare):
    https://www.heldenreise.de/content/seminare/heldenreise.html
  - Sinnforschung – persönliche Kommentare zum Sinn des Lebens:
    https://www.sinnforschung.org/mein-lebenssinn/beschreiben-sie-ihren-personlichen-lebenssinn
  - Sinnsucher – persönliches Coaching durch Kursangebote:
    https://www.sinnsucher.de/kurse
  - Logotherapie und Persönlichkeitstraining nach der sinnorientierten Psychologie nach Viktor E. Frankl (Vorträge, Seminare, Trainings):
    https://www.nilp.de/logotherapie-1/logotherapie-für-die-soziale-praxis/
  - Logotherapie und Existenzanalyse:
    https://www.dgle.org/logotherapie-und-existenzanalyse/was-ist-logotherapie-und-existenzanalyse/
  - Ein besonderer Akzent kann der Bereich der Online-Beratungsangebote für Kinder und Jugendliche sein. Wer sind die Anbieter und wobei können sie helfen?
    Bildungsserver *https://www.bildungsserver.de/Online-Beratung-fuer-Jugendliche-12678-de.html*, Jugend Notmail *https://www.jugendnotmail.de*, Youth-Life-Line *https://www.youth-life-line.de/links/*, NummergegenKummer *https://www.nummergegenkummer.de*, Diakonie

https://www.evangelisches-johannesstift.de/jugendhilfe/informationen_hilfesuchende/onlineberatung_jugendliche%20

- Im letzten Schritt entwickeln die Schüler*innen eine Art Checkliste, aus der hervorgeht, auf was Beratungssuchende achten sollten (z. B. „Bleib kritisch und hinterfrage zunächst das Beratungsangebot!", „Passt das Angebot zu deinem Problem oder deiner Frage?"). Zur konkreten Umsetzung des Layouts nutzen die Schüler*innen das Online-Tool *https://www.canva.com*. Das Ergebnis kann in ausgedruckter Form und als Online-Version erstellt werden.

Mögliche Fallstricke und Tipps

- Die Lernenden erhalten eine kurze Einführung, mit deren Hilfe sie die gefundenen Internetseiten kritisch prüfen können, z. B. 10 Tipps für eine gelungene Internetrecherche: *https://magazin.sofatutor.com/schueler/kann-man-das-googlen-10-tipps-fuer-eine-gelungene-internetrecherche/*
- Die Schüler*innen können einen Flyer entwickeln, der sich speziell mit Beratungsangeboten für Kinder und Jugendliche beschäftigt. Er enthält Adressen und Links und die vom Ethikkurs entwickelte Checkliste.

Analoge Alternative

Ein*e Expert*in (z. B. Psycholog*in, Pädagog*in, Sozialarbeiter*in) einer Beratungsstelle stellt sich im Unterricht den Fragen der Jugendlichen.

Beispiele und Infoseiten

- Informationen zum Thema Onlineberatung: *https://www.katholische-beratung.de/?id=121*
- Beratung per Telefon, Video, Messenger: *https://www.der-paritaetische.de/schwerpunkt/digitalisierung/webzeugkoffer/faq/wir-muessen-unsere-beratung-nun-online-anbieten-was-gibt-es-fuer-hinweise-und-vorschlaege-1/*
- Qualitätsmerkmale guter Onlineberatung: *https://onlinecoachingblog.net/2014/08/01/artikel-zu-den-qualitatsmerkmalen-guter-online-beratung/*

Sinnscouts – auf der Suche nach den wesentlichen Fragen

Klasse 5–13

 Doppelstunde

 Erarbeitung / Präsentation

 Entdecken von lebenswichtigen Fragen

Beschreibung

Die Schüler*innen machen sich auf die Suche nach lebensrelevanten Fragen. Sie nutzen dazu eine onlinebasierte Frageseite (*https://fragmich.xyz*). Dort sammeln sie Fragen, die ihr Leben betreffen und ordnen diese nach ihrer Relevanz.

Benötigte Materialien und technische Voraussetzungen

- Smartphone, Tablet, Notebook oder Computer mit Internetzugang pro Person
- Beamer
- Eintragen der Namen in den Zufallsgenerator (*https://www.ultimatesolver.com/de/zufall-gruppen*)
- Anlegen einer Fragerunde (Code) bei *https://fragmich.xyz*
- Vorinstallierte App TextingStory (*https://textingstory.com*, Android und iOS)

Ablauf und Methode an einem konkreten Beispiel

- Setting: Die Lehrkraft präsentiert als Einstieg in das Thema das Musikvideo „Where is the Love?" von The Black Eyed Peas: *https://www.youtube.com/watch?v=WpYeekQkAdc*. Dabei wird der Ton stummgeschaltet und die Schüler*innen sehen nur die Bilder des Videos. Das anschließende digitale Schreibgespräch wird ebenfalls lautlos durchgeführt. Die Lernenden sollen dabei ihre Eindrücke zum Film notieren und in ein Gespräch kommen. Dazu werden von der Lehrkraft vorab Gesprächsgruppen mithilfe eines Zufallsgenerators (*https://www.ultimate-solver.com/de/zufall-gruppen*) gebildet. Die Gruppengröße muss ausgewählt werden – sie soll zwei betragen. Die Gruppen werden nun vom Zufallsgenerator bestimmt.
- Die Zweiergruppen unterhalten sich in einem Chat über das gezeigte Musikvideo. Dazu nutzen sie die App TextingStory (*http://textingstory.com*). Die Schüler*innen installieren die App auf ihrem Smartphone. Nun kann das Brainstorming zum Musikvideo beginnen. Die Chats können als Videos aufgezeichnet und abgespielt werden.
- Die Klasse berichtet anschließend über ihre Eindrücke. Dabei wird deutlich, worum es in dem Song geht: Im Mittelpunkt steht ein Fragezeichen als Symbol für die Fragen der Menschen. Sie stehen auf und machen öffentlich deutlich, dass man ihre Fragen ernstnehmen soll. Doch es entsteht auch der Eindruck, dass Fragen unangenehm sein können und nicht alle Fragen erlaubt sind.
- Die Lehrkraft erläutert nun, dass es in der Unterrichtsreihe um die Fragen der Schüler*innen gehen soll. Diese sollten bedeutsam für ihr eigenes Leben sein. Es handelt sich um Fragen, deren Antwort nicht eindeutig in Nachschlagewerken oder in Wikipedia gefunden werden kann. Solche Fragen lauten z. B.: Was ist Glück? Welchen Sinn hat mein Leben? Wie wird die Zukunft sein? Wie will ich leben? Was kommt nach dem Tod? Wer bin ich und wer möchte ich sein?
- Die Schüler*innen machen sich anschließend auf die Suche nach lebensrelevanten Fragen. Die Fragen werden im Online-Tool *https://fragmich.xyz* eingetragen, welches die Lehrkraft bereits vorher angelegt hat. Alle erhalten einen Zugangscode, um auf die Frageseite zu gelangen.
- Nachdem die Kinder und Jugendlichen ihre Fragen formuliert haben, besteht die Möglichkeit, diese zu bewerten und eine Art Ranking zu erzeugen. Dies ist die Grundlage für die Weiterarbeit in den nächsten Ethikstunden. Dabei könnten sich die Lernenden z. B. als Sinnscouts auf die Suche nach

Antworten auf die lebenswichtigen Fragen machen. Das könnte zu einer spannenden Suchbewegung mit offenem Ausgang werden.

Mögliche Fallstricke und Tipps

- Im Mittelpunkt der Unterrichtsstunde stehen die Fragen und nicht die Antworten. Die Schüler*innen sind dies nicht gewohnt, da es in der Schule meist mehr um fertige Fragen und festgelegte Antworten geht. Daher ist eine behutsame Hinführung wichtig.
- Die Lernenden haben Erfahrung mit der Chatkommunikation, sie nutzen überwiegend WhatsApp. Diese App ist jedoch aus Datenschutzgründen nicht in allen Bundesländern erlaubt.
- Es besteht auch die Möglichkeit, den Kreis der Teilnehmenden bei der Findung der Fragen zu erweitern. Dazu muss lediglich der Zugangscode weitergegeben werden.
- Es ist ein guter Ansatz – nicht nur im Ethikunterricht –, wenn man den Kindern und Jugendlichen ermöglicht, kritische Selbstdenker*innen zu werden.

Analoge Alternative

Die Fragen werden auf Karten notiert und anschließend in einer Diskussionsrunde mit Abstimmungen nach ihrer Bedeutsamkeit bewertet.

Beispiele und Infoseiten

- Beschreibung des Zufallsgenerators:
  https://www.ultimatesolver.com/de/zufall-gruppen--beschreibung
- Eine kurze Erläuterung zu fragmich.xyz:
  https://blogs.rpi-virtuell.de/digital/2019/10/27/einfach-fragen-mit-fragmich-xyz/
- Texting Stories erstellen:
  https://clipchamp.com/de/blog/2019/erstelle-virale-texting-stories/

1 2 3 4

Dem Glück auf der Spur – das digitale Glücksrad

Klasse 7–13

 Doppelstunde

 Einstiegsstunde

 die Bedeutung der Glückserfahrungen erkunden

Beschreibung

Der Mensch ist ein Glückssucher. Die Frage, wie er glücklich werden kann, treibt ihn durch sein Leben. Er bleibt immer auf der Spur dieses unbeschreiblich positiven Gefühls.
Die Schüler*innen erkunden mithilfe eines digitalen Glücksrads ihre Erfahrungen mit dem Glück und dessen Bedeutung für die Menschen. Dabei soll deutlich werden, dass die Suche nach dem Glück auch einen wichtigen Faktor bei der Sinnfrage darstellt.

Benötigte Materialien und technische Voraussetzungen

- Smartphone, Tablet, Notebook oder Computer mit Internetzugang pro Person
- Beamer
- Die Lehrkraft meldet sich auf der Seite *https://wordwall.net* an, um ein „Glücksrad" zu generieren.

Ablauf und Methode an einem konkreten Beispiel

- Setting: Auf der Glücksrad-Seite kann man unterschiedliche Formate (z. B. Lückentext, Wörtersuche, Quiz, Kreuzworträtsel, wahr oder falsch) auswählen. Für diese Unterrichtseinheit wird das Glücksrad (Random wheel) gewählt. Zuerst werden Titel und Arbeitsauftrag eingetragen: „Was mir in meinem Leben wichtig ist", „Nimm Stellung zu dem vom Glücksrad ausgewählten Begriff!" Darunter wird eine Liste mit unterschiedlichen Auswahlmöglichkeiten angelegt, z. B.: Geld, Freunde, Freiheit, Karriere, Gesundheit, Party, Eltern, Familie, Bildung, Partnerschaft, Sexualität, Umwelt, Klima, Internet, Instagram, Glaube oder Unabhängigkeit. Über „Fertig" und „Starten" gelangt man zum Glücksrad, das die unterschiedlichen Begriffe auflistet. Über einen Button kann es in Bewegung gesetzt werden und bleibt bei einem Begriff stehen.
- Die Lehrkraft stellt das erarbeitete Glücksrad mit dem Titel vor und lädt die Schüler*innen zu einer Murmelrunde ein. Dazu erhalten sie den entsprechenden Link, um zum Glücksrad zu gelangen.
- Die Schüler*innen geben kurz Rückmeldung zu den Gesprächen. Die Lehrkraft macht den Vorschlag, den Titel des Glücksrads ein wenig abzuwandeln in „Was brauche ich, um glücklich zu sein?!" – Verändern sich jetzt die Wertvorstellungen?
- Die bereits bestehenden Murmelgruppen setzen sich zusammen und besprechen das Glücksrad erneut unter dem Aspekt des Glücks. Sie streichen Werte und fügen neue Begriffe hinzu. Dazu können Fragestellungen hilfreich sein: Ist Reichtum eine Garantie für Glück? Sind alle Menschen, die arm sind, auch unglücklich? Kann der Glaube mein persönliches Glück beeinflussen?
- Gemeinsam wird das alte Glücksrad korrigiert und besprochen, um es dann für die weitere Arbeit am Thema zu nutzen.

Mögliche Fallstricke und Tipps

- Das Glücksrad bietet auch andere methodische Möglichkeiten, um die ausgewählten Begriffe darzustellen (z. B. zufällige Karten, Wörtersuche, Anagramm etc.).
- Anregende Fragen für den weiteren Verlauf der Unterrichtsreihe: Was muss / kann ich tun, um den gewünschten Glückszustand zu erreichen? Gibt es eine Anleitung oder ein Rezept für das Glücklich-

sein? Wie wird das Glück in den Medien (Songs, Filme, Literatur) und sozialen Netzwerken (Instagram, Facebook, WhatsApp, TikTok) dargestellt? Was sagen Wissenschaftler*innen (Psychologie, Soziologie, Biologie, Medizin, Volkswirtschaft) zum Glück?
- Auch die populäre Musik, Filme, Kunst und Lyrik bieten vielfältige Informationsquellen zum Thema „Glück" – eine Recherche lohnt sich!

Analoge Alternative

- Mit wordwall.net können auch druckbare Varianten (PDF) erzeugt werden.
- Brief an das Glück, ABC des Glücks, Satzanfänge („Glück ist …").
- Zitate und Lebensweisheiten bieten einige Erkenntnisse auf der Glückssuche.

Materialhinweise, Beispiele und Infoseiten

- Ministerium für Glück und Wohlbefinden:
  https://ministeriumfuerglueck.de [1]
- Weiterführende Informationen auf der Seite von Planet Wissen:
  https://www.planet-wissen.de/gesellschaft/psychologie/glueck/index.html [2]
- ARD-Themenwoche Glück:
  https://www.ard.de/home/themenwoche/Startseite_ARD_Themenwoche_2013_Zum_Glueck/236964/index.html [3]
- Das Glücksarchiv – viele Fragen rund um das Thema „Glück":
  https://www.gluecksarchiv.de/inhalt/philosophie_ethik.htm [4]
- Der Kabarettist und Arzt Eckart von Hirschhausen hat sich auf das Thema „Glück" spezialisiert. Neben seinem Bestseller „Glück kommt selten allein" finden sich auf YouTube Ausschnitte von Auftritten:
  https://www.youtube.com/watch?v=5HLv1SZyPE8 [5]
- Das Buch „Glücksspuren" von Arthur Thömmes bietet insgesamt 82 Arbeitsblätter zum Thema „Glück":
  https://www.katecheten-verein.de/shop/shop/dkv/apply/viewdetail/id/1058/ [6]

1

2

3

4

5

6

Selbstbestimmtes Leben und Sterben – eine Talkshow

Klasse 8–13

 ca. 3 Doppelstunden

 Erarbeitung / Präsentation

 Auseinandersetzung mit Fakten und Argumenten zum Thema „Sterbehilfe"

Beschreibung

Die Schüler*innen erarbeiten Informationen, Fragen, Fakten und Argumente zum Thema „Sterbehilfe" aus medizinischer, rechtlicher, psychologischer, religiöser und ethischer Perspektive und vertiefen ihr Wissen in spielerischer Form in einer Talkshow.

Benötigte Materialien und technische Voraussetzungen

- Smartphone, Tablet, Notebook oder Computer mit Internetzugang pro Kleingruppe
- Registrierung bei der virtuellen Pinnwand Padlet (*https://padlet.com/*) durch die Lehrkraft

Ablauf und Methode an einem konkreten Beispiel

- Setting: Visueller Impuls (Tafel oder Laufschrift): „Jeder Mensch hat das Recht, in jeder Phase seines Lebens über seinen eigenen Tod zu bestimmen!" Die These wird kontrovers diskutiert.
- Die Lehrkraft stellt die Aufgabenstellung des Projektes vor: Kleingruppen setzen sich mit dem Thema „Sterbehilfe" auseinander. Dazu betrachten sie zunächst die rechtliche Lage in Deutschland (aktive, passive und indirekte Sterbehilfe, assistierter Suizid bzw. Beihilfe zur Selbsttötung). Im Februar 2020 hat das Bundesverfassungsgericht das Gesetz zum Verbot der „geschäftsmäßigen Förderung der Selbsttötung" aufgehoben. Dabei wird die Autonomie des Menschen betont und sein Recht, über den eigenen Tod zu bestimmen und das „in jeder Phase der menschlichen Existenz". Ein sterbewilliger Mensch darf also die Hilfe anderer Menschen annehmen und der Staat muss diese Hilfe möglich machen. Informationen dazu: *https://www.quarks.de/gesellschaft/sterbehilfe-deshalb-ist-die-rechtslage-so-verwirrend/* **1**
- Bereits in den Kleingruppen wird das Thema mit Pro- und Kontra-Argumenten vertieft. Dabei ergeben sich viele Fragen (z.B.: Was ist Sterbehilfe? Welche Regelungen zur Sterbehilfe können in einer Patientenverfügung festgelegt werden? Wie ist die Sterbehilfe zu verstehen, wenn Ärzt*innen Leben erhalten müssen (Medizinethik)? Was ist mit unheilbar Erkrankten, die ihren Willen nicht äußern können?).
- Der nächste Schritt besteht darin, das erarbeitete Wissen und die Fragen und Argumente in einer Talkshow zu vertiefen. Um einen guten Überblick zu behalten, wird von der Lehrkraft und einem*einer Moderator*in ein Padlet (*https://padlet.com/*) mit verschiedenen Spalten angelegt:
  - Gemeinsam wird eine Ausgangssituation festgelegt, z.B.: Unterschiedliche Expert*in (Arzt*Ärztin, Seelsorger*in, Psycholog*in, Jurist*in) treffen sich mit Angehörigen eines*einer Patient*in, um eine Entscheidung zu treffen.
  - Dabei werden die Argumente ausgetauscht. Hilfreich bei der Formulierung sind die folgenden Fallbeispiele zur Sterbehilfe:
  http://www.bru-magazin.de/bru/2012-56_Downloads/Fallbeispiele%20Sterbehilfe.pdf **2**
  - Jeweils eine weitere Spalte wird für die einzelnen Expert*innen reserviert.
- Für jede*n Expert*in sammelt eine Gruppe fachliche und persönliche Argumente für die Talkshow. Die wichtigsten Thesen werden bereits im Padlet eingetragen.
- Anschließend kommen die Schüler*innen zusammen, nehmen die Positionen der Expert*innen ein und diskutieren die Entscheidungssituation. Die Gesprächsführung übernimmt der*die Moderator*in.
- Die Protokollant*innen vervollständigen das Padlet mit den genannten Thesen und Argumenten.

- Bei Freigabe der Kommentarfunktion können die Lernenden im Anschluss an die Talkshow die einzelnen Argumente kommentieren.
- Mit Blick auf das Padlet wird das Thema am Ende der Unterrichtsreihe reflektiert.

Mögliche Fallstricke und Tipps

- Interessante Informationen kann auch ein Blick in die Praxis anderer Länder (z. B. Niederlande, Schweiz, Frankreich usw.) bieten.
- Sehr hilfreich kann es sein, wenn die Schüler*innen die Möglichkeit zu Gesprächen mit Expert*innen geboten wird (z. B. Pfarrer*innen, Mediziner*innen, Rechtsanwält*innen, Hospizmitarbeiter*innen). Hier bietet sich auch die Möglichkeit einer Onlinekonferenz an.

Analoge Alternative

Die Talkshow wird in Gruppen vorbereitet und die Argumente werden auf Karten oder Pinnwänden notiert. Dabei hilft eine strukturierte Darstellung.

Materialhinweise, Beispiele und Infoseiten

- Einführung in das Thema „Sterbehilfe" (MDR): [3]
  https://www.mdr.de/nachrichten/ratgeber/recht/sterbehilfe-aktiv-passiv-erlaubt-verboten-rechtslage-hospiz-deutschland-100.html
- „Neun-Punkte-Katalog für menschliche Zuwendung statt Euthanasie": [4]
  https://www.stiftung-patientenschutz.de/uploads/docs/stellungnahmen/16.pdf
- Unterrichtsmaterialien zum Themenkomplex Sterben, Sterbehilfe, Hospizarbeit und Palliativversorgung: [5]
  https://www.palliativstiftung.de/fileadmin/images/Bildungsarbeit/Unterrichtsmaterial_Webversion.pdf
- Informationen zum Padlet-Datenschutz: [6]
  https://datenschutz-schule.info/2020/04/09/padlet-mit-zustimmung-nutzen/
- Padlet-Grundlagen: [7]
  https://ivi-education.de/video/digitale-pinnwand-padlet/

Das Tagebuch eines Sinnsuchers – Book Creator

Klasse 5–13

🕐 mehrere Doppelstunden

🔄 Projekt

🎯 interaktive E-Books gestalten

Beschreibung

Die Schüler*innen machen sich auf die Suche nach Antworten auf die Frage nach dem Sinn des Lebens und dokumentieren diese in einem virtuellen Tagebuch.

Benötigte Materialien und technische Voraussetzungen

- Smartphone, Tablet, Notebook oder Computer mit Internetzugang pro Person
- Beamer
- Da die Browserversion von Book Creator nur mit Google Chrome und Safari läuft, installiert die Lehrkraft Google Chrome, legt bei Book Creator (*https://bookcreator.com/*) einen Account an und generiert die Zugangsdaten für die Klasse (Link, QR-Code).
(Mit der App kann nur ein E-Book, mit der Browserversion können bis zu 40 E-Books kostenlos erstellt werden.)

Ablauf und Methode an einem konkreten Beispiel

- Setting: Zum Einstieg nutzt die Lehrkraft die einfache virtuelle Pinnwand Scrumblr (*http://scrumblr.ca/*), für deren Benutzung keine Registrierung notwendig ist. Die Schüler*innen sollen den Satzanfang „Der Sinn des Lebens besteht darin, …" ergänzen. Dazu erhalten sie den Zugangslink und können dann bunte Karten (+) auswählen und beschriften.
- Alternativ können die Schüler*innen Fragen notieren, die ihnen beim Thema „Sinn des Lebens" einfallen (z. B.: Wo komme ich her? Wo gehe ich hin? Welchen Sinn hat das alles? Warum gibt es Leid? Warum müssen wir sterben?).
- Die Lehrkraft stellt die Projektidee vor: Die Kinder und Jugendlichen sollen sich auf die Suche nach Antworten auf die Frage nach dem Sinn des Lebens begeben. Dabei können sie Menschen befragen, Texte schreiben, Fotos machen oder Videos produzieren. Es soll deutlich werden, dass die Antwortmöglichkeiten und Lebenserfahrungen sehr vielfältig sind („Das hat alles keinen Sinn!", „Mein Sinn besteht darin, zu lieben und geliebt zu werden!", „Wir werden geboren und sterben!"). Auch theoretische Konzepte können interessante Erkenntnisse bieten (Was sagen Theologie, Psychologie, Philosophie oder Medizin dazu? Welche Antworten haben Religionen, Humanisten oder Atheisten?).
- Die Lernenden können sich allein oder zu zweit auf die Suche machen nach Erfahrungen und Konzepten eines guten und gelingenden Lebens bzw. der Verzweiflung und Lebensangst.
- Mithilfe von Book Creator erstellen die Schüler*innen (individuell oder kollaborativ) ein multimediales Buch (E-Book), wobei sie unterschiedliche Medien einfügen können (Fotos, Videos, Kameraaufnahmen, Grafiken, Zeichnungen, Texte, Audios etc.). Die Lehrkraft kann für jede*n Schüler*in einen Einzelzugang generieren.
- Einen besonders kreativen Akzent bietet die Funktion zur Erstellung eines Comics.
- Die Handhabung können sich die Schüler*innen gemeinsam oder einzeln aneignen.
- Die Schüler*innen stellen am Schluss die fertigen Bücher vor (z. B. in einer Schmökerrunde).

Dem Menschsein auf der Spur

Mögliche Fallstricke und Tipps

- Die Lehrkraft weist die Klasse darauf hin, bei Foto-, Video- oder Tonaufnahmen das Einverständnis der Betroffenen einzuholen.
- Book Creator ist übersichtlich gestaltet und einfach zu bedienen, sodass bereits Kinder selbstständig ein E-Book erstellen können. So können Geschichten erzählt und visualisiert werden.
- Die fertigen Bücher können als epub-Format, PDF-Dokument oder Video geteilt oder exportiert werden.
- Mithilfe gemeinsam erarbeiteter Kriterien (fachlich, methodisch) können die Handlungsprodukte auch beurteilt werden.
- Lizenzfreie Bilder können auf der Seite *https://pixabay.com* gesucht und heruntergeladen werden.

Analoge Alternative

Die Schüler*innen gestalten ein Tagebuch, in dem sie ihre Erkenntnisse eintragen und durch Zeichnungen ergänzen.

Beispiele und Infoseiten

- Ein Tutorial zum einfachen Tool Scrumblr:
  https://www.youtube.com/watch?time_continue=149&v=SpDpi3PfFGE&feature=emb_logo [1]
- Grundfunktionen von Book Creator Online (Google Chrome):
  https://www.youtube.com/watch?v=XoSojMJfreM&feature=youtu.be [2]
- Ein anregendes Padlet zum Book Creator aus dem Grundschulbereich:
  https://padlet.com/dee_townsend/bookcreator [3]
- Book Creator-Datenschutzinformationen:
  https://datenschutz-schule.info/tag/bookcreator/ [4]
- 50 Ideen, den Book Creator zu nutzen:
  https://read.bookcreator.com/aWAhdfUWXPQR1UPW7fJOHnfObsb2/_or2hLPmR3WlS34sPH_WKQ [5]

Freundschaft 2.0 – eine digitale Multimedia-Werkstatt

Klasse 5–13

⏱ mehrwöchige Projektarbeit

🔄 Erarbeitung / Präsentation / Projekt

🎯 den ethischen Wert der Freundschaft erkunden und multimedial aufbereiten

Beschreibung

Freundschaft gehört für viele Kinder und Jugendliche zu den wichtigsten Werten. Mit Freunden kann man viel gemeinsam unternehmen, reden, Quatsch machen, Filme anschauen, Computerspiele spielen usw. Aber warum brauchen wir eigentlich Freundschaften? Die Schüler*innen versuchen, den Sinn von Freundschaften in schnelllebigen Zeiten zu ergründen. Dies stellen sie mit unterschiedlichen Medien dar.

Benötigte Materialien und technische Voraussetzungen

- Smartphone, Tablet, Notebook oder Computer mit Internetzugang pro Person
- Beamer

Ablauf und Methode an einem konkreten Beispiel

- Setting: Als Einstieg präsentiert die Lehrkraft der Klasse ein Foto, das Freundschaft symbolisieren soll. Das findet sich z. B. hier:
  https://pixabay.com/de/images/search/freunschaft/   1
- Die Schüler*innen sollen beschreiben, was sie sehen und was das Bild ausdrücken soll. Im zweiten Schritt ergänzen sie einen Satzanfang („Freundschaft ist wie ...", „Wenn du Freunde hast, dann ...", „Niemals sollte man Freunden ..."). Dazu wird das Online-Tool AnswerGarden genutzt (*https://www.answergarden.ch*). Die Arbeit damit braucht keine Anmeldung. Die Lehrkraft schreibt den Satzanfang rein und dann wird die Seite generiert. Die Schüler*innen erhalten den Link und können nun ihre Satzerweiterungen auf dem Smartphone / Tablet eintragen. Es entsteht eine Wortwolke mit den eingetragenen Sätzen. Diese ersten Schritte sollen dabei helfen, in das Thema „Freundschaft" einzusteigen.
- Anschließend beschreibt die Lehrkraft das geplante Projekt: Die Lernenden sollen sich in Kleingruppen kritisch mit dem Thema „Freundschaft" auseinandersetzen. Dazu werden einige hilfreiche Leitfragen formuliert:
  Was ist Freundschaft überhaupt und warum braucht der Mensch sie? Bin ich glücklicher, wenn ich gute Freundschaften pflege? Was unterscheidet Freundschaften in sozialen Medien von realen Freund*innen? Wird sich Freundschaft in Zukunft ändern? Sollte man Freund*innen alles erzählen? Müssen Freund*innen immer die Wahrheit sagen? Was passiert mit Menschen, die keine Freundschaften haben?
- Die kreative Denk- und Gestaltungsaufgabe besteht darin, sich zunächst kritisch mithilfe der Leitfragen über das Thema auszutauschen. Dabei geht es vor allem um die Frage, wie sich Freundschaften durch die digitalen (Social Media, Smartphone) und gesellschaftlichen (Corona-Krise, Bildung, Freizeitverhalten) Gegebenheiten verändert hat. Die Lernenden formulieren eine markante, aussagekräftige und provokative Botschaft zum Thema „Freundschaft" (z. B.: „Wenn alles um dich herum kaputt ist, ist es die Hand deines Freundes, die dich festhält!").
- In einer anschließenden digitalen Multimedia-Werkstatt (Bild, Musik, Video, Texte usw.) packen die Schüler*innen in Gruppen ihre Botschaft in ein Werbeprodukt. Dabei geht es darum, die kreativen

Freiheiten zu nutzen und zu experimentieren. Grundlage der Arbeit ist aber das Thema „Freundschaft", welches die Arbeitsgruppen immer im Blick behalten.
- Die Ergebnisse werden in ein Padlet (*https://padlet.com*) geladen, sodass sich alle Lernenden die Werbeprodukte ansehen können.
- Mit einem Reflexionsgespräch wird das Projekt beendet.

Mögliche Fallstricke und Tipps

- Es ist durchaus beabsichtigt, dass sich die Schüler*innen kritisch bis provokativ mit dem Thema auseinandersetzen.
- Alternativen:
  1. Ein interessanter Aspekt wäre es, in Liedern, Filmen oder Literatur das Thema „Freundschaft" zu recherchieren und die Ergebnisse multimedial aufzuarbeiten.
  2. Die Schüler*innen schreiben Texte zum Thema und produzieren ein Hörbuch.
- Wenn die einzelnen Arbeitsgruppen damit einverstanden sind, können die multimedialen Freundschaftsprodukte auch anderen Klassen oder öffentlich präsentiert werden.
- Für kurze Zeit kann z. B. ein Instagram-Freundschafts-Account gestartet werden, auf dem die Ergebnisse präsentiert werden.

Analoge Alternative

Die Schüler*innen gestalten eine Zeitschrift zum Thema „Freundschaft" mit Texten, Gedichten, Bildern, Kommentaren usw.

Materialhinweise, Beispiele und Infoseiten

- Unterrichtsanregungen für Jüngere bietet „Knietzsche, der kleinste Philosoph der Welt": *https://www.planet-schule.de/wissenspool/knietzsche-der-kleinste-philosoph-der-welt/inhalt/unterricht/freundschaft.html* [2]
- Stationen zum Thema „Freundschaft" mit Impulsen für eine ganzheitliche Auseinandersetzung: *https://www.vormbaum.net/index.php/download-center/unterrichtstipps/607-stationenlernen-zum-thema-freundschaft/file* [3]
- Ein Blick in die Philosophie: Freundschaft bei Aristoteles: *http://wwwhomes.uni-bielefeld.de/awitthus/ZusammenfassungA.pdf* [4]
- Unterrichtseinheit „Freundschaft in sozialen Medien": *https://www.verbraucherzentrale-bawue.de/sites/default/files/2019-02/2018_Ethik_Freundschaft%20in%20sozialen%20Medien.pdf* [5]

Dem Menschsein auf der Spur

Ein Song für die Freiheit – eine Musik-Werkstatt

Klasse 7–13

🕐 mehrwöchige Projektarbeit

🔄 Erarbeitung / Präsentation

🎯 Visualisieren und Interpretieren von Songtexten

Beschreibung

Das Thema „Freiheit" oder vielmehr „Einschränkung der Freiheit" bewegte viele Menschen während der Corona-Krise. Doch was ist Freiheit überhaupt und gibt es die Freiheit ohne jegliche Regeln? Die Schüler*innen setzen sich mit dem Begriff „Freiheit" auseinander. Dazu richten sie den Blick auf die Songs populärer Interpret*innen und versuchen, die Freiheitstexte in eigenen Musikvideos zu visualisieren und zu interpretieren, um neue Zugänge zum Thema zu erhalten.

Benötigte Materialien und technische Voraussetzungen

- Smartphone oder Tablet mit Kamera, Notebook oder Computer mit Internetzugang pro Person
- Kopfhörer pro Person
- Videobearbeitungssoftware bzw. -App, z. B. iMovie (iOS), Windows Movie Maker (Windows), Shotcut (Windows, Mac, Linux), Hitfilm Express (Windows, Mac), Davinci Resolve (Windows, Mac, Linux)

Ablauf und Methode an einem konkreten Beispiel

- Setting: Als inspirierender Impuls zum Einstieg in das Thema „Freiheit" kann der Kurzfilm „Knietsche und die Freiheit" dienen: *https://www1.wdr.de/mediathek/video/sendungen/planet-schule/video-knietzsche-und-die-freiheit-100.html* [1]
Er bietet eine Grundlage für Unterrichtsgespräche: Was ist Freiheit und was bedeutet sie für mich und mein Leben? Was passiert, wenn die eigene Freiheitsvorstellung das Zusammenleben erschwert? Können gemeinsame Werte und Regeln die Freiheit einschränken bzw. fördern?
- Zum Einstieg sichtet die Klasse Musikvideos, die eine Botschaft vermitteln (z. B. Söhne Mannheims „Freiheit", Pharrell Williams „Freedom"). Fragen: Wie wird die Botschaft des Songtextes im Video aufbereitet? Welche Bilder werden genutzt, um dem Lied eine neue Perspektive zu geben?
- In Arbeitsgruppen wird ein Projektplan erstellt (Vorbereitung, Arbeitsphase, Präsentation). Dabei wird auch der zeitliche Rahmen besprochen.
- Ausgangspunkt für alle Gruppen ist das Thema „Freiheit". Daher suchen sie zunächst nach Musiktiteln, die sich mit diesem Thema auseinandersetzen. Neben den eigenen Vorschlägen können Lyrics-Suchmaschinen hilfreich sein, die nicht nur nach Begriffen in Titeln, sondern auch in den Songtexten suchen (z. B. *https://www.songtexte.com*, *https://www.lyricsfreak.com*). Songs zum Thema stammen z. B. von Marius Müller-Westernhagen („Freiheit") und dem Rapper Curse („Freiheit"). Wichtig ist bei der Auswahl eines Songs, dass er eine thematische Tiefe aufweist, die Möglichkeiten zur Gestaltung bietet.
- Die Liedtexte werden ausgedruckt, gelesen und besprochen. Schlüsselbegriffe, Bilder und Symbole im Text werden markiert. Daraus werden Ideen für Bild- und Videomotive entwickelt.
- Dann werden die ausgewählten Bild- und Videomotive mit Smartphone / Tablet aufgenommen.
- Es folgt die entscheidende Phase der Filmproduktion, bei der die Bilder und Videos über die Audiospur des Songs gelegt werden. Dazu müssen beide Spuren zunächst getrennt werden, sodass nur noch die Audiospur vorhanden ist. Es erleichtert die Arbeit, wenn sich am Projektbeginn einzelne Schüler*innen in die Technik einarbeiten.
- Der fertige Film wird in einem gängigen Format abgespeichert (MP4, AVI, MOV).

- Die einzelnen Gruppen präsentieren ihre Freiheits-Musikvideos und geben eine Einführung in ihre inhaltlichen und filmtechnischen Überlegungen. Der gezeigte Film wird anschließend besprochen.
- Die Beurteilung des Projektes erfolgt nach festgelegten Kriterien und gegenseitig:
  - methodisch: Wie wurde der Film gestaltet (Bilder, Musik, Übergänge, Bearbeitung, Komposition etc.)?
  - fachlich / inhaltlich: Wie hat sich die Gruppe mit dem Thema auseinandergesetzt? Wie wurde der Song durch die Auswahl von Bildern und Videos umgesetzt und interpretiert?
- In einem Sach- und Erfahrungsbericht beschreiben die Schüler*innen ihre fachlichen und persönlichen Erkenntnisse und Erfahrungen.

Mögliche Fallstricke und Tipps

- Ganz kreativen und musikalischen Schüler*innen sollte die Möglichkeit gegeben werden, auch eigene Songs zu schreiben und ein Musikvideo zu drehen.
- Bei der Auswahl von Bildern und Videos ist auf die urheberrechtlichen Bestimmungen zu achten.

Analoge Alternative

Die Schüler*innen stellen ihre Freiheitssongs in Form von Pantomime oder eines Tanzes dar.

Beispiele und Infoseiten

- iMovie Tutorial:
  https://www.youtube.com/watch?v=_VwSvuH1XfA **2**
- Windows Movie Maker Tutorial:
  https://www.youtube.com/watch?v=fdB4-mzx8xQ **3**
- Informationen zu Videoformaten und Konvertierungsprogrammen:
  https://filmpuls.info/videoformate/ **4**
- Bilder für Schulprojekte finden:
  https://www.arminhanisch.de/2018/10/bilder-finden/ **5**
- Ausführliches Tutorial mit professionellen Tipps zum Filmen mit dem Handy:
  https://www.youtube.com/watch?time_continue=16&v=heX9BvjJM7c&feature=emb_logo **6**
- Videos drehen und schneiden mit dem Smartphone:
  https://www.youtube.com/watch?time_continue=6&v=SPWth6OBtY0&feature=emb_logo **7**

Was mir wichtig ist – eine digitale Werteausstellung

Klasse 5–13

- mehrere Doppelstunden
- Erarbeitung / Präsentation
- Wertebildung spielerisch aufarbeiten

Beschreibung

Werte prägen die persönliche Orientierung des Menschen und haben Einfluss auf das Zusammenleben. Werte sollten über ihre Begrifflichkeit hinaus mit konkreten Alltagserfahrungen gefüllt werden. Doch welche Werte sind hilfreich für die Entfaltung sozialer und persönlicher Kompetenzen? Die Schüler*innen gestalten im Anschluss an eine Unterrichtsreihe zum Thema „Werte" unterschiedliche visuelle und spielerische Zugänge zum Thema in Form einer digitalen Ausstellung.

Benötigte Materialien und technische Voraussetzungen

- Smartphone, Tablet, Notebook oder Computer mit Internetzugang pro Person
- Beamer
- Registrierung bei einzelnen Tools durch die Lehrkraft

Ablauf und Methode an einem konkreten Beispiel

- Setting: Nachdem sich die Klasse im Ethikunterricht über Themen wie „Wertebewusstsein", „Wertewandel", „Wertebildung" oder „Werteerziehung" informiert und ausgetauscht hat, versucht sie das Thema mit unterschiedlichen digitalen Werkzeugen und Methoden an Mitschüler*innen weiterzugeben. So soll eine besondere digitale Ausstellung entstehen.
- Einige Anregungen und Ideen:
  - Eine wachsende Werte-Wortwolke, die von den Teilnehmenden nach und nach gestaltet wird (Respekt, Toleranz, Verantwortung, Gerechtigkeit usw.). Dazu kann ein Wortwolken-Generator (*https://www.wortwolken.com* oder *https://www.mentimeter.com*) genutzt werden.
  - Die Schüler*innen sammeln Sprichwörter und Ratschläge, die das Wertebewusstsein in der Erziehung ausdrücken („Lass dir nichts gefallen!", „Du sollst nicht lügen!"). Dazu nutzen sie ein kollaboratives Schreibtool (z. B. *http://whiteborb.com/* oder *https://flinga.fi*).
  - Interaktive Quizformate, die vor der Ausstellung generiert werden müssen:
    1. Quizstunde (*https://www.quizstunde.de/de/*) ist ein interaktives Quiz zum Selbermachen, das leicht zu bedienen ist. Achtung: Nach 30 Tagen läuft die kostenlose Testphase ab.
    2. Mit Kahoot! (*https://create.kahoot.it/auth/login*) kann live ein Quiz durchgeführt werden. Dabei muss man sich innerhalb einer festgelegten Zeit für eine Antwort entscheiden.
    3. Learning Snacks (*https://www.learningsnacks.de*) bietet eine spielerische Erkundung des Themas.
  - Bei *https://wordwall.net* wird ein sogenanntes „Glücksrad" generiert, das virtuell gedreht werden kann. Zu dem ausgewählten Begriff (Werteliste eingeben!) kann der*die Spieler*in ein kurzes Statement abgeben („Wahrheit ist für mich wichtig, weil ...!").
  - In einer Schreibwerkstatt wird gemeinsam ein Text verfasst: „Was ist mir wichtig und was gibt mir Orientierung?" Gut eignen sich auch Märchen. Als kollaboratives Schreibwerkzeug kann z. B. *https://hackmd.io* genutzt werden.
  - Ein Wertesystem visualisieren: materielle Werte (Konsum, Reichtum usw.), vitale Werte (Schönheit, Gesundheit usw.), religiöse Werte (Glaube, Hoffnung usw.), persönliche Werte (Mut, Selbstwert usw.), soziale Werte (Toleranz, Zivilcourage usw.) und geistige Werte (Freiheit, Wissen usw.).

- Visueller Impuls: „Was sind Werte und Normen?" Dazu nutzen die Schüler*innen z. B. https://www.canva.com.
- Impulsfilme zum Thema „Werte und Normen":
  - https://www.youtube.com/watch?v=PNrLjcZe2gk
  - https://www.youtube.com/watch?v=8QGfRvC5SRg
- Songs, z. B. von Azad („Werte") oder von Kontra K („Werte"):
  - https://www.youtube.com/watch?v=9uWjqrmpNnU
  - https://www.youtube.com/watch?v=uCbGlikkkQA
- Thema und Anliegen der Ausstellung und die verschiedenen Stationen werden in einem Flyer oder einem Plakat als Einladung in anderen Klassen verteilt.

Mögliche Fallstricke und Tipps

- Bei der Hinführung zum Thema „Werte" kann ein Blick auf die alten Philosophen hilfreich sein, z. B. auf Platon, Aristoteles oder Thomas von Aquin.
- Die Ausstellung verlangt eine gute Vorbereitung und Aufgabenverteilung. Bei der Projektplanung kann die App Trello https://trello.com (Browser, Android, iOS) hilfreich sein (30 Tage kostenlos).

Analoge Alternative

- Die Schüler*innen gestalten eine Talkshow, in der über das Wertebewusstsein der heutigen Jugend diskutiert wird. Das Spiel wird in Arbeitsgruppen mit unterschiedlichen Standpunkten vorbereitet.
- Die Klasse plant eine Wertewanderung mit verschiedenen Wertestationen.

Materialhinweise, Beispiele und Infoseiten

- „Ethik macht klick. Werte-Navi fürs digitale Leben" – Arbeitsmaterialien: https://www.klicksafe.de/fileadmin/media/documents/pdf/klicksafe_Materialien/Lehrer_LH_Zusatz_Ethik/LH_Zusatzmodul_medienethik_klicksafe_gesamt.pdf
- Digitale Spiele – Informationen und Anregungen: https://www.klicksafe.de/themen/digitale-spiele/digitale-spiele/
- Wertevermittlung in heterogenen Klassen: https://www.forrefs.de/grundschule/unterricht/unterricht-halten/wertevermittlung/wertevermittlung-in-heterogenen-klassen.html

Dem Menschsein auf der Spur

Sinnfluencer – Du bist, was du postest!

Klasse 7–13

- ca. 2 Doppelstunden
- Erarbeitung / Präsentation
- Spurensuche nach Sinngeschichten

Beschreibung

Viele Jugendliche präsentieren sich in den sozialen Medien. Sie kommentieren, erzählen, kritisieren und setzen sich selbst in Szene. Bei dieser Unterrichtsstunde geht es um die Frage, ob Instagram & Co. auch bei der Suche nach dem Sinn helfen können. Kann ich dort lernen, wie ich ein gutes und gelingendes Leben gestalten kann? Die Schüler*innen begeben sich auf Spurensuche.

Benötigte Materialien und technische Voraussetzungen

- Smartphone, Tablet, Notebook oder Computer mit Internetzugang pro Person
- Beamer

Ablauf und Methode an einem konkreten Beispiel

- **Setting:** Als Einstieg in das Thema bietet sich ein Gespräch über die unterschiedlichen Aktivitäten der Schüler*innen in den verschiedenen sozialen Medien an. Die Lernenden können ihren Auftritt in den sozialen Netzwerken präsentieren und ihre Motivation beschreiben.
- Es ergeben sich viele Fragen und Themen zur Diskussion: Welche Internetauftritte sind für mich peinlich? Will ich nur meinen Körper zeigen oder auch etwas von meiner Persönlichkeit? Trete ich für etwas ein (z. B. Klimaschutz, gegen Rassismus etc.)?
- Im zweiten Schritt werden Menschen gesucht und gezeigt, die etwas wagen und mehr bieten als beispielsweise Selfies. Dazu werden besondere Botschaften herausgesucht, z. B.:
  - Eine an Krebs erkrankte junge Frau, die Mut und Hoffnung gibt:
    https://www.instagram.com/pinguinkuh/
  - Eine junge Pfarrerin, die die christliche Botschaft mit ihrer Person verknüpft:
    https://www.instagram.com/stories/theresaliebt/2376810128311892325/
  - Ein Großvater auf Instagram ... Dabei geht es bei genauer Betrachtung um unsere Vorstellungen über ältere Menschen:
    https://www.instagram.com/jaadiee/
  - Die Influencerin Laura Malina Seiler vertritt eine Selbstoptimierungsspiritualität:
    https://www.instagram.com/lauramalinaseiler/?hl=de
  - Unter dem Hashtag #sinnsucher erzählen Menschen über ihr Leben und ihre Suche nach Sinn:
    https://www.instagram.com/explore/tags/sinnsucher/
- So mancher Influencer bedient die Sehnsucht der Menschen nach Sinn und Halt. Die Lehrkraft lädt die Schüler*innen zu einem Experiment, einem total anderen Netzauftritt, ein. Dazu erfinden sie eine Kunstfigur und legen einen neuen Account auf Instagram an (z. B. @sinnfluencer oder @sinnsucher). Sie überlegen sich, was für einen solchen Sinnsucher wichtig wäre und welche Fragen ihn beschäftigen. Dazu formulieren sie immer wieder in ihren Beiträgen existenzielle Fragen und hoffen auf Antworten der Netzgemeinde. Dabei können sich alle beteiligen und etwas schreiben. Es ist ein Experiment mit offenem Ausgang.
- Nach einer festgelegten Zeit werden die Beiträge, die bestimmt nicht alle positiv sein werden, gemeinsam reflektiert: Was muss passieren, damit die sozialen Medien nicht nur zum Sammelbecken

von Selbstdarsteller*innen werden? Kann es ein Weg sein, auch die wirklich wichtigen Lebensfragen und Themen in dieser Community einzubringen? Oder ist dies nicht mehr zeitgemäß?
- Die Schüler*innen können ihre Erfahrungen mit diesem Projekt kritisch in einem Sach- und Selbsterfahrungsbericht aufarbeiten. Dabei sind unterschiedliche Formate und Methoden wie Comedy, Märchen, Krimi oder einfach nur ein Sachbericht möglich.
- Ein ansprechendes Online-Tool für interaktives Schreiben namens Twine kann dabei genutzt werden. Hier findet sich eine Einführung: *https://padlet-uploads.storage.googleapis.com/ 363821064/f27cb33957ca914380c02a7c13d657d6/How_to_Twine.html* `1`

Mögliche Fallstricke und Tipps

Neben der inhaltlichen Fragestellung ist beim Thema „Social Media" die Medienkompetenz ein wichtiger Punkt (Werbung, persönliche Angaben, Bildrechte, Datenschutz, Privatsphäre). Dabei geht es nicht darum, die sozialen Medien zu verbieten, sondern sie verantwortungsvoll zu nutzen.

Analoge Alternative

Es könnte spannend sein, die Unterschiede in einem normalen Gespräch genauer zu untersuchen.

Materialhinweise, Beispiele und Infoseiten

- TikToker berichten über ihre Motivation und ihre Erlebnisse: `2`
  https://www.zeit.de/digital/internet/2020-01/tik-tok-video-app-plattform-jugendliche-nutzer-erfolg
- TikTok – Das steckt hinter der Trend-App: `3`
  https://www.schau-hin.info/grundlagen/tiktok-das-steckt-hinter-der-trend-app
- Instagram einfach erklärt: `4`
  https://www.schau-hin.info/grundlagen/instagram-einfach-erklaert
- Instagram Materialsammlung mit verschiedenen Unterrichtsmodulen: `5`
  https://www.lmz-bw.de/fileadmin/user_upload/Downloads/Handouts/Materialsammlungen/ materialsammlung-instagram-2019.pdf
- Anleitungen für das Schreiben einer interaktiven Story:
  - *https://www.youtube.com/watch?time_continue=12&v=FFgXJXCjGLk&feature=emb_logo* `6`
  - *https://www.wegweiser-digitale-schule.de/programme-und-tools/twine/* `7`

Was mein Smartphone alles (mit mir) macht

Klasse 5–13

- Doppelstunde
- Erarbeitung / Präsentation
- ethische Aspekte der Smartphonenutzung erkennen

Beschreibung

Das Smartphone ist für die meisten Kinder und Jugendlichen ein wichtiger Begleiter in allen Situationen des Alltags. Die Schüler*innen betrachten das Smartphone und seine Nutzung aus ethischer Perspektive. So versuchen sie mit ganz neuen Möglichkeiten einen anderen Blick zu entwickeln, den multimedialen Alleskönner verantwortungsbewusst in ihr tägliches Leben zu integrieren.

Benötigte Materialien und technische Voraussetzungen

- Smartphone oder Tablet mit Kamera, Notebook oder Computer mit Internetzugang pro Kleingruppe
- Beamer

Ablauf und Methode an einem konkreten Beispiel

- Setting: Das Smartphone ist ein vielseitiges Multitalent (Kommunikation, Fotografie, Videoaufnahmen, Musik- und Videoplayer, Navigation, https://www.livingathome.de/digital/935-rtkl-smartphone-vielseitiges-multitalent). **[1]**
Viele jugendliche Nutzer*innen sind sich dessen nicht immer bewusst und benutzen das Handy lediglich zum Fotografieren, Chatten oder zum Aufenthalt in sozialen Medien.
Die Schüler*innen stellen sich diese Frage: Wie verändert das Smartphone meinen Alltag, meine sozialen Beziehungen und meine emotionale Befindlichkeit?
- Dazu produzieren sie in Gruppen kurze Videos, die Alltagssituationen darstellen (z. B. vier Personen an einem Tisch und jede*r starrt auf sein Handy.). Sie nutzen die Kamera-App ihres Smartphones.
- Die Gruppen präsentieren ihre Videos und kommentieren die Aussagen in Bezug auf die Ausgangsfrage.
- Die Lehrkraft gibt einen Einblick in das psychologische Hintergrundwissen: Viele Menschen schauen auf ihr Smartphone in der Erwartung einer Nachricht. Allein dadurch wird Dopamin ausgeschüttet, wodurch kurzfristig ein angenehmes Gefühl vermittelt wird. Andere nutzen das Smartphone, um in stressigen Situationen zur Ruhe zu kommen und sich zu konzentrieren. Diese und weitere interessante Aspekte der Smartphonenutzung erläutert eine Psychologin:
https://ethik-heute.org/smartphone-die-freiheit-zurueckgewinnen/ **[2]**
- Es stellt sich die Frage, wie ein bewusster und verantwortungsvoller Umgang mit dem Smartphone erlernt werden kann (Medienkompetenz). Dazu formulieren die Schüler*innen Tipps, Denkanstöße und mögliche Verhaltensweisen im alltäglichen Umgang mit dem Smartphone (z. B. „10 goldene Regeln der Handynutzung"). Bei der Formulierung kann die Seite „Handy Knigge" hilfreich sein (z. B.: „Das Handy ist nie wichtiger als die Person gegenüber", „Tischplatte ist kein Showroom"):
https://www.smartmobil.de/magazin/handy-knigge **[3]**
- Die Ergebnisse werden in einem aussagekräftigen Flyer präsentiert. Diese können mit unterschiedlichen Apps erstellt werden (z. B. Typorama, Phonto, Canva oder Fontmania). Die Produkte werden ausgedruckt und in der Schule verteilt. Dabei sollen sich bewusst auch Gespräche zum Thema entwickeln.

Mögliche Fallstricke und Tipps

Es geht in dieser Unterrichtseinheit nicht darum, das Smartphone zu verteufeln. Vielmehr soll ein neues Bewusstsein mit positiven und zufriedenstellenden Möglichkeiten entwickelt werden.

Analoge Alternative

Die Schüler*innen überlegen sich, wie eine Welt aussehen würde, in der es keine Smartphones gibt. Wie würde das ihr Leben und ihren Alltag (Familie, Schule, Freundeskreis) verändern?

Beispiele und Infoseiten

- Broschüre „Smartphones souverän nutzen":
  https://www.klicksafe.de/service/aktuelles/news/detail/neue-smartphone-broschuere-von-mobilsicher-und-klicksafe/#s|smartphone [4]
- Studien zur Mediennutzung von Kindern und Jugendlichen:
  http://www.mpfs.de/startseite/ [5]
- Tutorial zum Videobearbeitungsprogramm KineMaster:
  https://www.youtube.com/watch?v=YBi-w7IzE9o [6]
- „Handy ohne Risiko? Mit Sicherheit mobil – ein Ratgeber für Eltern":
  https://www.bmfsfj.de/blob/93996/89d76340c9b6c6f6660034740827e552/handy-ohne-risiko-broschuere-data.pdf [7]
- Smartphones im Unterricht (Bring your own device):
  https://service.zeit.de/schule/digitalisierung/bring-your-own-device/ [8]

Influencer-Werkstatt

Klasse 9–13

2 Doppelstunden

Erarbeitung / Präsentation

kritische Auseinandersetzung mit Influencern

Beschreibung

Mithilfe interaktiver Lernbausteine setzen sich die Schüler*innen mit Influencern auseinander, auf die sie in sozialen Netzwerken wie Instagram oder YouTube treffen. Dabei geht es vor allem um die Frage, wie diese die Meinung oder sogar das Leben der Konsument*innen beeinflussen können.

Benötigte Materialien und technische Voraussetzungen

- Smartphone, Tablet, Notebook oder Computer mit Internetzugang pro Person
- Beamer
- Registrierung bei Mentimeter (*https://www.mentimeter.com*) durch die Lehrkraft

Ablauf und Methode an einem konkreten Beispiel

- Setting: Als Einstieg in das Thema „Influencer" eignet sich ein Brainstorming mit dem Online-Tool Mentimeter. Die Klasse erhält einen Zugangscode zu *https://www.menti.com/* und kann ihre Ideen zum Begriff „Influencer" eintragen.
- Die Lehrkraft stellt die „Influencer-Werkstatt" des Niedersächsischen Landesinstituts für schulische Qualitätsentwicklung (NLQ) vor:
https://apps.medienberatung.online/influencer/ [1]
- Die „Influencer-Werkstatt" besteht aus acht Online-Lernbausteinen: A – Was sind Influencer?, B – Mein eigenes Online- und Konsumverhalten, C – Influencer auf Instagram, D – Ein Haul-Video, E – Influencer-Marketing, F – Die digitalen Plattformen der Influencer, G – Influencer-Videos im Vergleich, H – Eigenes Video im Influencer-Stil produzieren
- Die Schüler*innen setzen sich in Einzelarbeit mit den Lernbausteinen auseinander. Diese müssen nicht nacheinander abgearbeitet, sondern können in beliebiger Reihenfolge bearbeitet werden.
- Die Informationen in Form von Infografiken, Fotos und Videos werden ergänzt durch Aufgabenstellungen, die die Schüler*innen bearbeiten. Die ausgefüllten Seiten können geteilt werden. So ist es möglich, sich in einer nächsten Phase zu zweit oder in Gruppenarbeit auszutauschen. Die einzelnen Bausteine und persönlichen Positionen können so ausgetauscht werden.
- Es ist sinnvoll, dass die Jugendlichen den letzten Baustein (Videoproduktion) zu Hause umsetzen. Dazu bietet der Lernbaustein viele hilfreiche Anregungen zur Produktionsplanung.
- Die Präsentation und Besprechung der Ergebnisse und die Reflexion der gesamten Einheit erfolgen in den folgenden Unterrichtsstunden.

Mögliche Fallstricke und Tipps

- Die Schüler*innen sollen für das Thema sensibilisiert werden und sich mit ihren beliebten Influencern kritisch auseinandersetzen. Dabei geht es vor allem um den Themenbereich „Influencer und Werbung" und die Frage, wie diese die Meinung der Nutzer*innen beeinflussen.
- Eigene Lernbausteine und interaktive Videos können sehr ansprechend mit H5P (*https://h5p.org/*) produziert werden. Eine gute Anleitung findet sich unter:
https://www.youtube.com/watch?v=zf6RXKEKak0 [2]

- Interaktive Lernbausteine können sehr gut mit *https://learningapps.org* erstellt werden. Ein Video-Tutorial erklärt, wie Lernbausteine für eine Klasse angelegt werden können: *https://www.youtube.com/watch?v=96pngDggo4Q&feature=emb_logo* `3`

Analoge Alternative

Was kann ich von Influencern lernen, wenn ich einen Vortrag halte oder ein Thema präsentiere? Die Schüler*innen erstellen eine Checkliste.

Materialhinweise, Beispiele und Infoseiten

- Umfangreiche Einführung in Mentimeter:
  https://www.youtube.com/watch?v=41MqapIXibk `4`
- Arbeitsmaterialien für den Unterricht:
  https://www.klicksafe.de/fileadmin/media/documents/pdf/klicksafe_Materialien/Lehrer_Kosmos_Youtube/klicksafe_Kosmos_Youtube.pdf `5`
- Anregende Unterrichtsmaterialien zum Thema „Influencer-Marketing" des Landesmedienzentrums Baden-Württemberg:
  https://bitte-was.de/fileadmin/Redaktion/downloads/Informationskompetenz/Informationskompetenz-6-Unterrichtsmodul4.pdf `6`
- „YouTube – Faszination, Kommerz und Selbstdarstellung":
  https://www.klicksafe.de/themen/kommunizieren/youtube/ `7`

„Bad News" – ein spielerischer Zugang zu Fake News

Klasse 5–13

- 2 Doppelstunden
- Erarbeitung / Präsentation
- Medienkompetenz spielerisch erarbeiten

Beschreibung

Die Schüler*innen setzen sich spielerisch mit dem Thema „Fake News" auseinander und entwickeln dazu einen Learning Snack.

Benötigte Materialien und technische Voraussetzungen

- Smartphone, Tablet, Notebook oder Computer mit Internetzugang pro Person
- Beamer
- Registrierung bei *https://www.learningsnacks.de* durch die Lehrkraft

Ablauf und Methode an einem konkreten Beispiel

- Setting: Der Einstieg in das Thema „Fake News" geschieht mithilfe eines Learning Snacks: *https://www.learningsnacks.de/share/8858/* [1]
- Zunächst hören sich die Schüler*innen dabei einen kurzen Audiobeitrag des österreichischen Radiosenders ORF in der Reihe „Digital leben" an. Die folgenden Aufgaben beziehen sich auf den Radiobeitrag und das Spiel „Bad News". Die Schüler*innen können einzeln oder zu zweit die Fragen des Snacks beantworten. Nach einem kurzen Austausch geht es dann in die Spielphase.
- In dem Spiel „Bad News" (von der niederländischen Organisation DROG) geht es vor allem um Falschmeldungen im Internet: *https://www.getbadnews.de*. In der Anleitung auf der Homepage wird deutlich formuliert, wie Desinformation mithilfe des Spiels funktionieren soll. Das Spiel „Bad News" ist für Jugendliche ab 14 Jahren geeignet. Es gibt aber auch eine Junior-Version, die ab 8 Jahren empfohlen wird: *https://www.getbadnews.de/droggame_book/junior/#intro*. Diese Version kann also ab Klasse 5 gespielt werden.
- In einer ergänzenden Einführung in das Spiel können Fragen und der zeitliche Rahmen geklärt werden. Sinnvoll ist es, dass die Schüler*innen einzeln spielen.
- Nach dem Spielverlauf sollte die Reflexionsphase der Lerngruppe angepasst werden. Nach dem virtuellen Ausflug könnten hier eher analoge Methoden verwendet werden (z. B. Blitzlicht, Unterrichtsgespräch, Schreibgespräch).
- In einer weiteren Phase erhalten die Schüler*innen die Aufgabe, ihr Wissen, ihre Erkenntnisse und Erfahrungen in einem Learning Snack umzusetzen. Dies geschieht in Gruppenarbeit. Die fertigen Snacks können anschließend mithilfe eines QR-Codes oder Links geteilt werden, sodass andere einen Zugang erhalten.

Mögliche Fallstricke und Tipps

- Wichtig ist eine gute Einführung in das Spiel und eine aufmerksame Begleitung durch die Lehrkraft. „Bad News" kann die Schüler*innen schnell in den Bann ziehen, da die Spielumgebung sehr realistisch inszeniert ist. Entsprechend ist auch ein gut vorbereitetes Reflexionsgespräch wichtig.
- Impulsfragen: Welchen Einfluss haben Bots auf die Meinungsbildung? Wer kontrolliert die sozialen Medien auf ihren Wahrheitsgehalt?

Analoge Alternative

- Spiel: Einzelne Spieler*innen formulieren jeweils zwei Wahrheiten und eine Lüge. Die anderen raten, was Lüge und was Wahrheit ist.
- Das Vokabular der Fake News ist vielfältig (verschleiern, verleugnen, anstiften, verdecken, zuschlagen, zerstören, verleugnen, provozieren, hetzen, Bots, Troll, Emotion, Polarisierung, Desinformation, Lüge) und bietet viele methodische und spielerische Möglichkeiten im Unterricht (z. B. ABC, Rollenspiel, Collagen).

Beispiele und Infoseiten

- Infoblatt zum Spiel „Bad News" mit methodisch-didaktischen Hinweisen: https://www.getbadnews.de/wp-content/uploads/2019/04/Bad-News-Game-info-sheet-for-educators-German.pdf **2**
- Spezial zum Thema „Fake News" der Bundeszentrale für politische Bildung: https://www.bpb.de/gesellschaft/medien-und-sport/fake-news/ **3**
- Hilfreich für die Einführung in die Begrifflichkeiten: https://www.schau-hin.info/grundlagen/was-sind-eigentlich-fake-news **4**
- Spiel „Fake it to make it" (browserbasiert, ohne Anmeldung): http://www.fakeittomakeit.de **5**
- Anschauliche Einführung in das Erstellen eines eigenen Learning Snacks: https://www.youtube.com/watch?v=2DOxSiOS7IA **6**
- Umfangreiche Informationen rund um das Thema „Fake News": https://www.lmz-bw.de/medien-und-bildung/jugendmedienschutz/fake-news/ **7**
- Im SWR-Fakefinder kann ein eigener Lernraum erstellt werden: https://schule.swrfakefinder.de **8**

Medienkompetenz und Sicherheit auf TikTok

Klasse 7–13

- Doppelstunde
- Erarbeitung / Präsentation
- Medienkompetenz

Beschreibung

Die Lernenden setzen sich mit der Social-Media-Plattform TikTok auseinander, um so Kriterien für einen verantwortungsbewussten Medienkonsum zu entwickeln.

Benötigte Materialien und technische Voraussetzungen

- Smartphone, Tablet, Notebook oder Computer mit Internetzugang pro Kleingruppe
- Beamer
- Die Lehrkraft registriert sich auf der Umfrageseite *https://www.umfrageonline.com/* und bei Adobe Spark Page *https://spark.adobe.com/de-DE/*.

Ablauf und Methode an einem konkreten Beispiel

- Setting: „Every second counts" lautet das Firmenmotto der Kurzvideo-Plattform TikTok (*https://www.tiktok.com/de/*). Man kann 15 bis 60 Sekunden lange (Selfie-)Videos hochladen, mit denen man möglichst viel Aufmerksamkeit und natürlich Likes erzielen will. Meist inszenieren sich Jugendliche mit Tänzen oder Lippenbewegungen zu Songs (LipSync-Videos), die im Hintergrund laufen. Mit Filtern und Effekten können die Videos aufgehübscht werden. Die Social-Media-App ist besonders beliebt wegen der witzigen Selbstinszenierungen, denn nicht selten werden peinliche Szenen gezeigt oder Menschen bloßgestellt.
- In der Einstiegsphase unterhalten sich die Schüler*innen zunächst über ihre eigenen Erfahrungen mit der Plattform TikTok. Mithilfe folgender Seiten informieren sie sich dann über das Thema:
  - „Praxisinfo: TikTok. Kinder und Jugendliche für Risiken sensibilisieren": *https://www.jugendschutz.net/fileadmin/download/pdf/PraxisInfo_TikTok.pdf* [1]
  - Eine Einführung für Kinder: *https://www.lernfoerderung.de/medienwissen/medienkompetenz/tiktok-app-kurzvideos-erobern-die-welt/* [2]
- In den Diskussionen sollten besonders Aspekte der Risiken und des verantwortungsvollen Medienkonsums im Vordergrund stehen. Dazu können die folgenden Stichworte hilfreich sein:
  - Sicherheitslücken, Datenschutz, Altersbegrenzungen, Gefahr der sexuellen Belästigung, Cybermobbing, falsche Identitäten, Reizüberflutung, Werbung, Jugendschutz, Zensurverhalten der Plattform, Überwachung, Kostenfalle durch „Geldgeschenke", Zugriffsrechte, Privatmodus
  - Grenzüberschreitungen durch freizügige Videos, um viele Follower und Likes zu erhalten
  - öffentlich einsehbare Profile, die Kommentare und Kontaktaufnahme ermöglichen, persönliche Daten mit Einblick in den Alltag der Nutzenden
- TikTok ist besonders unter jüngeren Nutzer*innen sehr beliebt. Warum das so ist und wie sie TikTok nutzen: Dazu soll eine kleine Online-Umfrage in der Schule Antworten liefern. Die Schüler*innen entwickeln gemeinsam eine Umfrage, mit der besonders das Nutzungsverhalten abgefragt werden soll. Diese kann kostenlos auf der Seite *https://www.umfrageonline.com* erstellt werden. In der Schule bekommen alle einen Zugang durch einen Zugangslink oder einen QR-Code.
- Anschließend werden die Ergebnisse der Umfrage ausgewertet und mit den Ergebnissen der eigenen Erfahrungen abgeglichen.

- Im letzten Schritt sollen die Ergebnisse der Recherchen und Gespräche in einem Handlungsprodukt münden. Die Schüler*innen erstellen in Gruppen eine Webseite zum Thema, die sich besonders an Kinder richtet. Hier können auch die Ergebnisse der Umfrage präsentiert werden. TikTok-Tipps (z. B.: „Stelle dein Profil auf privat!") können Hilfestellung geben für einen verantwortungsvollen Umgang mit der Video-Plattform.
- Mit Adobe Spark Page können kostenfrei und unkompliziert Webseiten konstruiert werden. Die Arbeitsgruppen informieren sich vorher, welche Möglichkeiten das Tool bietet (Texte, Bilder, Videos, Links). Sie informieren damit Jüngere zum Thema „TikTok" und stehen für Nachfragen bereit.

Mögliche Fallstricke und Tipps

- Das Thema „TikTok" wird im Ethikunterricht unter fachspezifischen und medienethischen Aspekten behandelt. Das wird besonders im Grundverständnis von Ethik als sittlich richtigem und verantwortungsbewusstem Handeln deutlich.
- Die Präsentation und Information anderer Klassen sollte vorher von der Lehrkraft organisiert werden.

Analoge Alternative

- Die Umfrage wird mit einem ausgedruckten Fragebogen durchgeführt. Es werden persönliche Gespräche geführt, die in einer Präsentation zusammengefasst werden.
- Falls ein Medienzentrum in der Nähe ist, kann ein*e Expert*in zu einem Gespräch eingeladen werden.

Beispiele und Infoseiten

- Hilfreicher Eltern-Guide für die App TikTok:
  https://www.gofeminin.de/familie/tiktok-eltern-erklart-s4010702.html — 3
- Informationen und Tipps zu TikTok (u.a. Privatsphäre, Urheberrecht):
  https://lehrerweb.wien/praxis/praxis-ideen/?tx_wibsideas_idea%5Buid%5D=76&tx_wibsideas_idea%5Baction%5D=show&cHash=47a82e2b0b01efbd978fe0bef95ca7c5 — 4
- Microsoft Sway bietet eine ansprechende Präsentationsmöglichkeit:
  https://sway.office.com — 5

| 1 | 2 | 3 | 4 | 5 |

Medienethik – Leben in einer digitalen Welt

Klasse 5–13

- Doppelstunde
- Erarbeitung / Präsentation
- Auseinandersetzung mit medienethischen Grundsätzen, Medienkompetenzförderung

Beschreibung

Die Schüler*innen setzen sich mit Fragen der Medienethik mithilfe der „10 Gebote der digitalen Ethik" auseinander und ergänzen diese.

Benötigte Materialien und technische Voraussetzungen

- Smartphone, Tablet, Notebook oder Computer mit Internetzugang pro Kleingruppe
- Beamer

Ablauf und Methode an einem konkreten Beispiel

- Setting: Das Institut für digitale Ethik aus Stuttgart hat „10 Gebote der digitalen Ethik" formuliert, die die Lehrkraft der Klasse vorstellt:
https://www.klicksafe.de/fileadmin/media/documents/pdf/klicksafe_Materialien/Jugendliche/ZehnGebote_DigitaleEthik_Booklet.pdf [1]
- Das Schaubild wird geöffnet und die Anregungen werden gemeinsam besprochen.
- Es geht vor allem um eine ethische Haltung: Wie können sich Kinder, Jugendliche und Erwachsene verantwortungsvoll im Web bewegen? Dabei geht es den Urheber*innen bei den Leitlinien besonders um die Würde der Nutzer*innen und die Wertschätzung der Selbstbestimmung und Handlungsfreiheit.
- Auf der genannten Seite werden zu den einzelnen Tipps jeweils konkrete Fallbeispiele vorgestellt, die in der Klasse diskutiert werden: Was läuft hier falsch? Wie soll die*der Betroffene reagieren? Dabei können eigene Erfahrungen im Netz einfließen.
- Es werden Kleingruppen gebildet, die jeweils zu einem digitalen Gebot ein Meme (Bildmotiv mit einem aussagekräftigen Text) gestalten. Dazu bieten sich z. B. die Meme-Generatoren von Adobe (*https://spark.adobe.com/de-DE/make/meme-maker/*) oder der Meme-Gestalter von Canva (*https://www.canva.com/de_de/erstellen/memes/*) an. Die Lehrkraft legt einen Klassenaccount an oder beantragt ein Schulkonto bzw. die Education-Version.
- Die Ergebnisse werden entweder in digitaler Form oder ausgedruckt (der Schulgemeinschaft) präsentiert.

Mögliche Fallstricke und Tipps

- Ältere Schüler*innen entwerfen ein Konzept, um Jüngeren das Thema näherzubringen.
- Alternativ zur Nennung der „10 Gebote der digitalen Ethik" werden die einzelnen Schwerpunktthemen genannt und die Schüler*innen formulieren eigene Tipps, z. B.:
Schutz der Privatheit und Anonymität, Meinungsbildung und personalisierte Informationen, Respekt und Selbstschutz, Selbstwert und Selbstbestimmung usw.
- Interessant wäre auch eine Hilfe zur Netiquette, also eine Art Verhaltenskodex im Netz.

Medienethische Perspektiven

Analoge Alternative

Die Schüler*innen entwerfen eine Wand (z. B. im Pausenraum der Schule) mit Tipps und Anregungen zur digitalen Ethik.

Materialhinweise, Beispiele und Infoseiten

- Unterrichtsmaterialien zu Chancen und Risiken digitaler Medien:
  https://www.schule-bw.de/faecher-und-schularten/gesellschaftswissenschaftliche-und-philosophische-faecher/ethik/unterricht-materialien-und-medien/ethik_7_8/medien-digital-welt/chancen-risiken-medien-digital.html
- Webpräsenz des Instituts für digitale Ethik:
  https://www.hdm-stuttgart.de/digitale-ethik/home
- Klicksafe bietet zum Thema „Medienethik" weitere Anregungen:
  https://www.klicksafe.de/themen/medienethik/
- Netzwerk Medienethik:
  https://www.netzwerk-medienethik.de
- „Wir fordern digitale Grundrechte":
  https://digitalcharta.eu
- „Medienethik – Leben in der digitalen Welt" – ein Kurzfilm von Schüler*innen zur fortschreitenden Digitalisierung des Alltags:
  https://www.youtube.com/watch?v=W2CuL_pXtpA
- Methodisch-didaktische Anregungen zu den „10 Geboten der digitalen Ethik":
  https://www.jugendschutz-brandenburg.de/wp-content/uploads/2018/11/Sabine-Mu%CC%-88ller-Bunzel.pdf

Verschwörungsmythen – eine Informationsbroschüre

Klasse 9–13

🕐 mehrwöchige Projektarbeit

🔄 Projekt / Erarbeitung / Präsentation

🎯 Verschwörungsmythen durchschauen und beurteilen

Beschreibung

In Krisenzeiten haben Verschwörungsmythen Hochkonjunktur. Wenn Menschen Ereignisse nicht erklären können, sie in Angst geraten und viele unbeantwortete Fragen haben, verbreiten sich Mythen, Fakes und Gerüchte. Diese liefern einfache, aber häufig skurrile Antwortversuche und erzeugen bei manchen Menschen ein irrationales Verhalten. Die Schüler*innen informieren sich über das Phänomen der Verschwörungsmythen und entwickeln digital Broschüren und Grafiken mit Informationen und Tipps.

Benötigte Materialien und technische Voraussetzungen

- Smartphone, Tablet, Notebook oder Computer mit Internetzugang pro Person
- Beamer
- Die Lehrkraft legt einen Klassenaccount auf *https://www.canva.com* an.

Ablauf und Methode an einem konkreten Beispiel

- **Setting:** Die Lehrkraft gibt eine kurze Einführung in das Thema „Verschwörungsmythen". Als thematischer Einstieg bietet sich die Galileo-Reportage „Corona-Demos & Verschwörungstheorien: Wer profitiert und wer steckt dahinter?" an:
  https://www.youtube.com/watch?v=0Uw3hzOnsdo [1]
- Die Klasse sammelt dabei wichtige Fragen: Was sind Verschwörungsmythen? Wie funktionieren sie? Warum glauben Menschen daran? Wie lauten die bekanntesten Verschwörungsmythen? Welche Rolle spielt das Internet? Was kann ich tun?
- Weitere Fragen werden auch auf der Seite der Landeszentrale für politische Bildung Baden-Württemberg (*https://www.lpb-bw.de/verschwoerungstheorien*) beantwortet. Außerdem gibt es hier viele interessante Materialien und Links zur Orientierung. [2]
- Die Lehrkraft stellt das Projekt vor und entwickelt gemeinsam mit den Schüler*innen die einzelnen Schritte des Projekts:
  1. Planung: Aufgabenstellung, Vorgehensweise, Aufgabenverteilung, Zeit- und Materialbedarf
  2. Durchführung: Die Aufgabe der Projektgruppen besteht darin, sich zunächst über das Phänomen „Verschwörungstheorien" zu informieren und zu recherchieren.
  3. Im letzten Schritt sollen die Gruppen aufgrund ihrer Erkenntnisse Handlungsprodukte entwickeln (z. B. Flyer, Plakate, E-Books, Blogs, Infografiken, Tipps oder Checklisten). Die Themen der Produkte sollen Aufklärung bieten und zum Nachdenken und Reden anregen (Verschwörungsmythen entlarven, Tipps im Umgang mit leichtgläubigen Menschen, Denkfehler etc.).
- Zur Produktherstellung (z. B. Checkliste für Verschwörungstheorien, Infografiken usw.) bietet sich der kostenlose Flyer-Gestalter Canva an (*https://www.canva.com/de_de/erstellen/flyer/*). Das umfangreiche Angebot an Vorlagen, Fotos, Illustrationen, Formen und die benutzerfreundliche Handhabung bietet viele kreative Gestaltungsmöglichkeiten. Der von der Lehrkraft erzeugte Account bietet allen einen Zugang zur Arbeit mit Canva. So können die Produkte abgespeichert werden.

- Die Projektergebnisse werden auf der Schulhomepage oder in einer Informationsveranstaltung (Ausstellung) präsentiert. Dabei können QR-Codes (*https://www.qrcode-monkey.com*) einen Zugang zu den einzelnen Medien bieten.

Mögliche Fallstricke und Tipps

- Als Einstieg in das Thema sind auch Provokationen hilfreich (z. B.: „Bill Gates will durch das Impfen die Weltbevölkerung reduzieren!", „Das Coronavirus ist eine chinesische Biowaffe!").
- Das Thema kann vor allem in der Diskussion viele Emotionen erzeugen. Daher ist es wichtig, die Schüler*innen zu einer sachlichen Auseinandersetzung anzuleiten.
- Neben politischen, religiösen oder psychologischen Aspekten sollen die Lernenden einen besonderen Blick auf die ethische Sichtweise werfen.

Analoge Alternative

Die Schüler*innen gestalten nach Beendigung ihrer Recherchen Handzettel und Plakate.

Materialhinweise, Beispiele und Infoseiten

- Das Planspiel „Die Welt am Abgrund" bietet einen „spielerischen" Zugang zu antisemitischen Verschwörungstheorien:
  https://www.amadeu-antonio-stiftung.de/no-world-order/planspiel-die-welt-am-abgrund/ [3]
- Eine Schritt-für-Schritt-Anleitung zur Arbeit mit Canva:
  https://www.youtube.com/watch?v=Y8rU_8_pIow [4]
- Verschwörungstheorien im Bereich der deutschen Musikszene:
  https://www.spiegel.de/kultur/musik/corona-virus-warum-verschwoerungstheorien-im-deutschrap-so-verbreitet-sind-a-2c06d306-b25b-4523-80c0-983b48c3d941 [5]
- Verschwörungstheorien in den sozialen Netzwerken:
  https://www.uni-hamburg.de/newsroom/im-fokus/2019/0910-verschwoerungstheorien.html [6]
- Eine Materialsammlung zum Thema „Verschwörungstheorien" bietet das Padlet:
  https://padlet.com/joschafalck/ybgxkv573w0iakir [7]
- Ein Unterrichtsmodul für die Klassen 7 bis 12:
  https://scilogs.spektrum.de/natur-des-glaubens/verschwoerungsfragen-15-ein-unterrichtsmodul-fuer-die-klassen-7-bis-12-zu-verschwoerungsmythen/ [8]

Konflikte erkennen und lösen – eine Comicstory

Klasse 5–13

- 3 Doppelstunden
- Erarbeitung / Präsentation
- Geschichten im Comicstil erzählen

Beschreibung

Die Schüler*innen entwickeln eine Comicstory, in der es inhaltlich um Konfliktlösungskonzepte geht.

Benötigte Materialien und technische Voraussetzungen

Smartphone oder Tablet mit vorinstallierter Comic-App (Android / iOS: Comic-Strip, iOS: Clips, Comic-Kamera, Clip2Comic, Mac / Windows: Comic Life) pro Kleingruppe

Ablauf und Methode an einem konkreten Beispiel

- Setting: Die Lernenden sollen am Ende einer Unterrichtsreihe zum Thema „Konfliktlösungskonzepte" bzw. „Konfliktbearbeitung" eine Comicstory erstellen. Dabei sind zwei Dinge wichtig: Die Geschichten sollten einen realistischen Lebensbezug zur Erfahrungswelt der Kinder und Jugendlichen haben und es sollten konkrete Handlungsmöglichkeiten zur Konfliktlösung aufgezeigt werden.
- Die Lehrkraft bespricht zunächst mit den Lernenden die Vorgehensweise beim Erstellen einer Comicstory. Auch die technischen Voraussetzungen und die handwerkliche Umsetzung werden hierbei intensiv besprochen.
- Es werden Arbeitsgruppen gebildet, die zunächst eine Story entwickeln. Diese wird untergliedert und in einem Storyboard werden die einzelnen Comicszenen beschrieben. Auch Hinweise auf beteiligte Personen, Orte, Handlung und Texte können hier notiert werden. Dabei ist es hilfreich, wenn das Storyboard auf einer Seite mit leeren Kästen umgesetzt wird. Hier kann bereits das Seitenlayout (Format, Größe, Form) ausgewählt werden.
- Im nächsten Schritt werden passende Fotos aufgenommen und für die vorbereiteten Szenen ausgewählt.
- Der folgende Schritt ist entscheidend für die Qualität des Comics: Auf die fertigen Fotos werden Comiceffekte angewendet: Sprechblasen, Gedankenblasen, POW-Effekte, Bildunterschriften, Sticker, Emojis usw. Die Bilder können sehr unterschiedlich verändert werden (schwarz-weiß, bunt, Grad der Kenntlichkeit der Gegenstände und Personen).
- Die fertigen Comicstorys können in ausgedruckter oder digitaler Form präsentiert werden.

Mögliche Fallstricke und Tipps

- Wegen der unterschiedlichen Voraussetzungen bei der konkreten Umsetzung der Comicstory sollte eine gute Gruppenmischung (Könner, Interessierte, Lernende etc.) vorgenommen werden.
- Es sollte darauf geachtet werden, dass die Fotos an unterschiedlichen Orten (evtl. auch außerhalb der Schule oder in der Freizeit) aufgenommen werden.
- Es ist wahrscheinlich, dass manche Schüler*innen Erfahrungen mit Comics, Mangas oder Anime-Trickfilmen haben. Sie sollten sich besonders in das Projekt einbringen dürfen.
- Viele Themen des Ethikunterrichts eignen sich für eine Comicstory. Auch Texte könnten in einer Comicversion aufbereitet werden.

- Eine Ausstellung im Schulgebäude oder eine Präsentation auf der Schulhomepage mit weiteren fachlichen Informationen zum Thema „Konflikte" wäre eine Bereicherung für die Schulgemeinschaft.

Analoge Alternative

Comics können auch per Hand gezeichnet werden. Das ist eine aufwendige Arbeit und daher in Gruppenarbeit umsetzbar. Hilfreich könnte dabei unterrichtsübergreifend z. B. ein Sketchnote-Kurs im Kunstunterricht sein.

Beispiele und Infoseiten

- Ein E-Book mit Book Creator online erstellen:
  https://www.youtube.com/watch?v=ZKW9qbaI9iw&feature=youtu.be [1]
- Einführung in Comic Life für Mac und Windows:
  https://www.youtube.com/watch?v=Bhvb9-k1tOU [2]
- Einführung in Comic Life für iPad oder iPhone:
  https://www.youtube.com/watch?v=OhqOq4RpHjc [3]
- Das Lexikon der Comicsprache kann bei der Umsetzung der Comicstory hilfreich sein:
  http://www.labbe.de/mellvil/popup_vs.asp?themaid=16&titelid=210 [4]
- Eine anregende Inspiration zur Perspektive beim Zeichnen von Comics und Erzählen von Geschichten (Blog):
  https://www.langweiledich.net/99-arten-eine-comic-story-zu-erzaehlen/ [5]
- Es gibt auch eine ansprechende Möglichkeit, das Storyboard komplett online umzusetzen. Bereits in der kostenfreien Version kann ein wenig experimentiert werden:
  https://www.storyboardthat.com/de/storyboard-schöpfer [6]
- Informationsseite zum Thema „Comics" im Unterricht:
  https://www.schule-bw.de/faecher-und-schularten/sprachen-und-literatur/deutsch/unterrichtseinheiten/projekte/comics [7]
- Comicschule:
  https://www.123comics.net/de/ [8]

Mobiler Lernparcours

Klasse 5–13

🕐 3 Doppelstunden

🔄 Erarbeitung / Ergebnissicherung

🎯 spielerische Lernförderung

Beschreibung

Die Digitalisierung bietet für den Unterricht neue Möglichkeiten zur Gestaltung anregender Lernsettings. Mithilfe von Biparcours (*https://biparcours.de*) oder Actionbound (*https://de.actionbound.com*) können kreative digitale Schnitzeljagden und Lernparcours geplant und umgesetzt werden. Die Schüler*innen kombinieren Informationen, Aufgaben, Rätsel, Turniere, Umfragen und Geocaching auf der Suche nach neuen Erkenntnissen bei ethischen Fragestellungen. Dabei sind aktuelle Themen gut geeignet (z. B.: „Wenn der Roboter unser Leben beeinflusst", „Wachkoma – zwischen Leben und Tod", „Designer-Babys – Grenzen der Biotherapie").

Benötigte Materialien und technische Voraussetzungen

- Smartphone oder Tablet mit Internetzugang pro Kleingruppe
- Vorinstallierte App Biparcours (Android und iOS): Bei der Registrierung (*https://biparcours.de*) muss zunächst ein eigener Account erstellt werden. Dazu gibt die Lehrkraft einen Benutzernamen und eine E-Mail-Adresse an. Auf der Internetseite werden die Parcours angelegt.

Ablauf und Methode an einem konkreten Beispiel

- Setting: Am Ende einer Unterrichtseinheit des Ethikunterrichts gestalten die Schüler*innen einen eigenen Lernparcours für ihre Mitschüler*innen. Dazu nutzen sie die App Biparcours. Die Anwendung ist kostenlos und die Handhabung leicht zu erlernen.
- Die Lernenden wiederholen und vertiefen bei der Gestaltung eines multimedialen Lernweges spielerisch Themen und Inhalte und nutzen dabei die Medien ihrer Wahl. Die ausgewählten Inhalte können frei kombiniert werden.
- Mithilfe der App Biparcours planen und gestalten die Lernenden in verschiedenen Arbeitsgruppen eine Ausstellung, die den Mitschüler*innen die Möglichkeit bietet, sich mit einem ethischen Thema auseinanderzusetzen. Dabei können Texte, Bilder, Musik und Videos zur Veranschaulichung genutzt werden. Kreative Aufgaben und Rätsel erhöhen dabei die Motivation. Der Parcours-Creator ist der Werkzeugkasten, mit dem Aufgaben, Quizfragen und Informationen mithilfe von Videos, Bildern oder auch Audiodateien gestaltet werden können. Dabei ist die Schritt-für-Schritt-Anleitung hilfreich: *https://www.bildungspartner.schulministerium.nrw.de/Bildungspartner/Material/Basismaterial/ParcoursAnleitungBIPARCOURS.pdf* [1]
- Weitere Werkzeuge zum Erstellen von interaktiven und multimedialen Lern- und Erlebnistouren: Actionbound *https://actionbound.com*, Placity *https://placity.de*. Beide sind kostenlos und können auf dem Computer oder mobilen Geräten mit iOS oder Android genutzt werden.
- Wenn die einzelnen Gruppen ihre Lernparcours fertiggestellt haben, werden die Ergebnisse zu einer Ausstellung zusammengefügt. Andere Klassen haben die Möglichkeit, diese – ausgestattet mit Smartphone oder Tablet – zu besuchen. Schön wäre vor Beginn eine kurze Begrüßung und Einführung und am Ende eine Verabschiedung durch die Lerngruppe.
- Die fertigen Ergebnisse können abgespeichert und wiederverwendet werden.

Kreative, visuelle und kommunikative Zugänge

Mögliche Fallstricke und Tipps

- Zur spielerischen Hinführung an ein Thema gestaltet die Lehrkraft zunächst eine Schnitzeljagd. Lernförderlicher ist es aber, wenn die Schüler*innen selbst unterschiedliche Parcours erstellen und sie anschließend untereinander austauschen oder anderen Klassen präsentieren.
- Die Nutzung von Biparcours von minderjährigen Schüler*innen bedarf der Zustimmung der Eltern.
- Zu einer spannenden Lernaktion kann eine Schnitzeljagd in einer Bibliothek werden.
- Hilfreich bei der Gestaltung von interaktiven Lernszenarien kann die Nutzung von QR-Codes sein, die jeweils zu den Aufgaben oder Informationen führen.
- Online-Werkzeuge zum Erstellen von QR-Codes: *http://goqr.me/de* oder *https://www.qrcode-monkey.com/de*

Analoge Alternative

Auch heute kann man Kinder und Jugendliche mit klassischen Schnitzeljagden begeistern. Hierbei können die Lernenden selbst die Aufgaben entwerfen und untereinander austauschen.

Materialhinweise, Beispiele und Infoseiten

- Eine hilfreiche pädagogische Handreichung für die App Biparcours: *https://www.bildungspartner.schulministerium.nrw.de/Bildungspartner/Material/Broschueren/Paedagogische_Handreichung_Biparcours.pdf* [2]
- Das Padlet gibt einen guten Einblick in die Arbeit mit der App Biparcours: *https://padlet.com/kmoehring66/biparcour* [3]
- Materialseite Biparcours: *https://www.bildungspartner.schulministerium.nrw.de/Bildungspartner/Material/Material-BIPARCOURS/* [4]
- QR-Code-Rallye: *https://sonnigeeinsichten.jimdofree.com/2018/11/25/das-geheimnis-der-qr-codes-eine-rallye/* [5]
- Digitalisierung in Religion und Ethik. Digitale Schnitzeljagd mit Actionbound: *https://www.wstaib.de/content/mat/6_Digitalsierung_in_RU_und_Ethik.pdf* [6]

Kreative, visuelle und kommunikative Zugänge

Digitale Klimaaktivisten – ein visueller Aufschrei

Klasse 7–13

- Doppelstunde
- Erarbeitung / Präsentation
- Themen der Klimakrise erkunden und visuell umsetzen

Beschreibung

„Wir sind hier, wir sind laut, weil ihr uns die Zukunft klaut!" – So lautet ein Slogan der Fridays for Future-Demonstrationen, einem globalen Klimastreik, bei dem weltweit Jugendliche nicht zur Schule gehen, um vor allem die Politik zum Handeln aufzufordern. Es geht um die Zukunft der jungen Generation, daher braucht es grundlegende Veränderungen von Politik, Gesellschaft und Wirtschaft. Die Schüler*innen vergegenwärtigen sich die Problematik und setzen den Klimastreik in einem „visuellen Aufschrei" um.

Benötigte Materialien und technische Voraussetzungen

- Smartphone, Tablet, Notebook oder Computer mit Internetzugang pro Person
- Beamer
- Vorinstallierte GoPro Quik App (Android, iOS)

Ablauf und Methode an einem konkreten Beispiel

- Setting: In einer Einstiegsphase vergegenwärtigen sich die Schüler*innen nochmals die Grundproblematik der Klimakrise und die Motivation der Klimastreiks durch Jugendliche. Dazu kann ein kurzer Filmbeitrag von „planet schule" anregen:
  https://www.planet-schule.de/sf/php/sendungen.php?sendung=11020 [1]
- Es folgt eine Recherchephase, in der die Schüler*innen in Kleingruppen Informationen sammeln und diskutieren. Dabei werden die Lernenden eine Vielzahl an fachlichen Inputs finden. Um den Suchprozess zu verkürzen, kann die Lehrkraft auch ausgewählte Seiten vorschlagen, z. B.:
  Wissenschaftliche Grundlagen des Klimawandels: „Klimawandel – Keine Zeit zum Zögern" [2]
  Modul 1 *https://www.youtube.com/watch?v=cC_xJMBVTno&feature=youtu.be*
  Modul 2 *https://www.youtube.com/watch?v=At4KAjxudjs&feature=youtu.be* [3]
- Die wichtigsten Thesen und Fragen zum Thema „Klimawandel" werden in einem gemeinsamen Dokument gesammelt, in dem nicht nur Informationen, sondern auch Betroffenheit formuliert werden kann. Zum kollaborativen Schreiben wird Google Docs genutzt. Dazu meldet sich die Lehrkraft auf der Seite *https://docs.google.com/document/* mit einem Account an und teilt den Link mit der Klasse. Eine kurze Einführung bietet das Video-Tutorial:
  https://www.youtube.com/watch?v=FJ5SjrOhkSw [4]
- Die Lehrkraft erläutert der Klasse die geplante Aktion: Das Reden von persönlichen Verhaltensänderungen bei Mülltrennung, Umweltverschmutzung oder Konsumgewohnheiten genügt nicht, denn dadurch wird wenig bewegt. Es bedarf eines Aufschreis, damit die Verantwortlichen wach werden und endlich handeln. Die Lernenden sollen sich in die Rolle von digitalen Klimaaktivisten, die informieren und protestieren, hineinversetzen. Dazu sollen sie in Form eines „visuellen Aufschreis" ein aussagekräftiges und betroffen machendes Video produzieren. Der Aufschrei und der Protest sollten dabei deutlich werden.
- Eine gute Planung ist grundlegend für die Qualität des Produktes. Die Arbeitsgruppen erstellen zunächst eine Gliederung, die in einem Storyboard den Ablauf und Inhalt der Filmproduktion festhält. Als Hardware können Smartphone oder Tablet eingesetzt werden. Zur Bearbeitung wird

die Software für die Actionkamera GoPro genutzt. Die GoPro Quik App ist für iOS und Android mit einem Tutorial verfügbar unter:
https://www.camforpro.com/blog/gopro-quik-app-tutorial/ [5]
- Die kreativen Kurzvideos (ca. 4–6 Minuten) sollten die Zuschauer*innen betroffen machen und die Dramatik und Dringlichkeit der Klimakrise vor Augen führen.
- Die Ergebnisse werden zunächst in der Klasse gesichtet. Dazu stellt jede Gruppe ihren Film auf einem Gerät bereit, sodass alle Gruppen alle Videos bei einem Rundgang ansehen können. Alle Gruppen erhalten Rückmeldungen zur inhaltlichen und methodischen Umsetzung ihres Films.

Mögliche Fallstricke und Tipps

- Bei der Recherchephase geht es nicht darum, möglichst viele Internetseiten zu finden und aufzulisten, sondern um eine thematische Vertiefung.
- Die digitalen Aufschrei-Videos sollten, wenn alle Gruppen damit einverstanden sind, weiteren Klassen, der Schulgemeinschaft oder öffentlich (Schulhomepage) präsentiert werden.

Analoge Alternative

Die Schüler*innen planen eine schulinterne Klima-Demonstration für die Pausen. Dazu können Plakate oder Flyer gestaltet werden. Bestimmt werden auch dabei Diskussionen entstehen.

Materialhinweise, Beispiele und Infoseiten

- Die 17 nachhaltigen Entwicklungsziele der Vereinten Nationen:
https://www.wir-leben-nachhaltig.at/aktuell/detailansicht/sdgs-sustainable-development-goals/ [6]
- Arbeitsblätter („Rettet das Klima!" für die Klassen 3–6):
https://service.zeit.de/schule/wp-content/uploads/sites/9/2017/10/1017-ZEIT-ZfdS-AB-Sek1-Klima.pdf [7]
- Individuelle Videobotschaften mit vielen Effekten, Filtern, animierten Stickern und Soundtracks können Nutzer*innen von iPhone oder iPad mit der App Clips produzieren. Besonders interessant sind dabei die „Szenen": Dabei wird man mit Augmented Reality (erweiterte Realität) in eine Szene hineinprojiziert:
https://www.apple.com/de/newsroom/2018/11/clips-gets-new-selfie-scenes-stickers-soundtracks-and-more/ [8]

Kreative, visuelle und kommunikative Zugänge

Digitales ABC der Diskriminierung

Klasse 9–13

🕐 Doppelstunde

🔄 Ergebnissicherung / Projekt

🎯 Diskriminierung entdecken und durchschauen

Beschreibung

Diskriminierung gehört zum Alltag. Sie bezeichnet die Benachteiligung und Abwertung von einzelnen Menschen oder Gruppen aufgrund der ethnischen Herkunft, des Geschlechts, einer Behinderung, der sexuellen Identität, der Religion oder des Alters. Diese Herabsetzung kann sich sprachlich oder körperlich ausdrücken. Vorurteile, Klischees und Stereotype verstärken die Meinungen. Schnell werden Menschen so nicht nur beurteilt, sondern verurteilt. Dabei wirkt oft der Mechanismus, dass die Abwertung der anderen Gruppe die eigene Gruppe aufwertet und somit das Selbstwertgefühl gesteigert wird. Im Zusammenhang einer Unterrichtsreihe kann die folgende Idee die Schüler*innen dazu anregen, Diskriminierung zu entdecken und sich damit auseinanderzusetzen. Sie entwickeln dazu ein ABC der Diskriminierung.

Benötigte Materialien und technische Voraussetzungen

- Smartphone, Tablet, Notebook oder Computer mit Internetzugang pro Kleingruppe
- Beamer

Ablauf und Methode an einem konkreten Beispiel

- Setting: Die Schüler*innen haben sich bereits mit dem Begriff „Diskriminierung" auseinandergesetzt und sollen nun ein ABC mit Begriffen zusammenstellen, die besonders durch die sprachliche Geringschätzung in der Alltagssprache deutlich werden. Solche Begriffe sind z. B. behindert, Eskimo, farbig, intersexuell, homosexuell, Mohr, Neger, Queer oder Zigeuner.
- Die Schüler*innen nutzen zunächst drei Quellen, um sich mit den Begrifflichkeiten, deren Bedeutung und Verwendung auseinanderzusetzen:
  - ABC der Diskriminierung – welche Begriffe was bedeuten:
    https://rp-online.de/politik/deutschland/gender-nafri-neger-schwul-das-abc-der-politischen-korrektheit_aid-52653931 [1]
  - Lexikon der Diskriminierungsformen:
    https://www.aktiv-gegen-diskriminierung.info/argumente/glossar [2]
  - Glossar für diskriminierungssensible Sprache:
    https://www.amnesty.de/2017/3/1/glossar-fuer-diskriminierungssensible-sprache [3]
- Die Schüler*innen erstellen in drei Gruppen jeweils ein ABC und suchen sich die Begriffe mit den entsprechenden Anfangsbuchstaben aus. Dann beschreiben sie die Ausdrücke in eigenen Worten, wobei es nicht unbedingt eine Definition sein muss. Auch kreative Wortspiele könnten spannend sein.
- In drei kreativen Handlungsprodukten visualisieren und vertonen die Schüler*innen ihre ABCs (eines der folgenden Produkte pro Gruppe):
  - Audiocollage: Grundlage sind die ausgewählten Wörter. Sie werden zuerst nacheinander gesprochen. Anschließend werden sie durcheinander (ohne Emotion) gesprochen und in der dritten Runde nennt jede Person ihren Begriff, wann und wie oft sie will, mit starker emotionaler Verstärkung (von Flüstern bis Schreien). Zur Collage wird zu Beginn oder am Ende eine kurze Erläuterung mit Anregungen für die Hörenden eingesprochen. Das ist wichtig, damit diese den Zusammenhang verstehen. Die eingeübte Audiocollage wird anschließend mit einer Audio-App (z. B. Audio

Recorder für Android, Sprachmemos für iOS) auf einem Smartphone aufgenommen und in einem gängigen Format (MP3, WAV) abgespeichert.
- Plakate: Die Schüler*innen gestalten ansprechende Plakate mit ihren ausgewählten Begriffen. Sie sollen zum Nachdenken und Diskutieren anregen.
- Video-ABC: Die ausgewählten Diskriminierungswörter plus Erläuterungen werden in einem Video aufgenommen. Dabei sollen die Schüler*innen in der Filmgestaltung möglichst kreativ sein. So könnte z. B. bei der Nennung eines Begriffes nur der Mund gezeigt werden und bei den Erläuterungen Bilder oder Videosequenzen. Die einzelnen bearbeiteten Sequenzen werden zu einem Film zusammengeschnitten.
- Die Ergebnisse des kreativen Prozesses werden zunächst gegenseitig in der Klasse präsentiert und besprochen. Dann wird entschieden, ob die Ergebnisse auch in anderen Klassen oder der Schulgemeinschaft vorgestellt und diskutiert werden.

Mögliche Fallstricke und Tipps

- Das ABC muss nicht komplett sein. X und Y könnten z. B. anders kreativ gefüllt werden.
- Bei Bildern und Fotos muss auf das Urheberrecht geachtet werden. Vor dem kreativen Arbeitsprozess sollte die Lehrkraft die Schüler*innen darüber informieren.

Analoge Alternative

- Es wird eine ABC-Liste erstellt, auf der Diskriminierungsbegriffe gesammelt werden. In Collagen können diese dann ausführlicher beschrieben werden.
- Einzelne Wörter werden pantomimisch interpretiert.

Materialhinweise, Beispiele und Infoseiten

- Materialien zu Urheberrecht im Alltag:
  https://www.klicksafe.de/fileadmin/media/documents/pdf/klicksafe_Materialien/Lehrer_LH_Zusatzmodule/LH_Zusatzmodul_Urheberrecht_klicksafe.pdf [4]
- „Antirassismus" als Unterrichtsthema:
  https://akd-ekbo.de/religionspaedagogik/antirassismus/ [5]

| 1 | 2 | 3 | 4 | 5 |

Philosophisches Kopfkino

Klasse 9–13

- Doppelstunde
- Einstiegsstunde
- philosophische Grundbegriffe erkunden

Beschreibung

Die Schüler*innen erkunden eine Auswahl der insgesamt 22 Folgen der Reihe „Philosophisches Kopfkino", um einen Überblick in die unterschiedlichen philosophischen Grundthemen und -richtungen zu erhalten.

Benötigte Materialien und technische Voraussetzungen

- Smartphone, Tablet, Notebook oder Computer mit Internetzugang pro Kleingruppe
- Vorbereitung der Tische mit den Geräten zum Anschauen der Filme
- Papiertischdecke und bunte Stifte

Ablauf und Methode an einem konkreten Beispiel

- Setting: In der Reihe „Philosophisches Kopfkino" *https://www.3sat.de/wissen/philosophisches-kopfkino* oder *https://www.youtube.com/playlist?list=PL74q6FOTalp5WmbSWdX3y29S5x9Bfj-9I* werden in kurzen Animations- bzw. Erklärfilmen die Grundbegriffe der Philosophie anschaulich und unterhaltsam präsentiert. Es handelt sich dabei lediglich um philosophische Häppchen und visuelle Stichworte, die das Interesse wecken sollen.
- Die Themenschwerpunkte der einzelnen Erklärfilme, die ca. 2–4 Minuten dauern, lauten: Ethik, Glück, Existenzialismus, Empirismus, Glaube, Existenz, Logik, das Böse, Marxismus, Freiheit, Utopia, Dialektik, Ich, Idealismus, Aufklärung, Metaphysik, Wahrheit, analytische Philosophie, Pragmatismus, Verstand.
- In einer digitalen Ausstellung bzw. Videogalerie haben die Schüler*innen die Möglichkeit, sich die Kurzfilme anzuschauen, Notizen zu hinterlassen und mit Mitschüler*innen in einen Austausch über das jeweilige Thema zu treten. Dazu trifft die Lehrkraft eine Vorauswahl an Filmen (ca. 5–8).
- Im Klassenzimmer gibt es eine entsprechende Anzahl an Tischen, die mit einer Papiertischdecke und bunten Stiften sowie einem Abspielgerät ausgestattet sind. An jedem Tisch können ca. 5 Personen Platz finden, die sich innerhalb einer festgelegten Zeit mit den Kurzfilmen auseinandersetzen.
- Das geschieht in drei Schritten: 1. Der Film wird abgespielt. 2. Die Schüler*innen treten in ein stummes Schreibgespräch, indem sie ihre Gedanken auf dem Tischtuch notieren. 3. In einem kurzen Gespräch werden die Eindrücke ausgetauscht.
- Mögliche Leitfrage: Was sind die Kernthemen und -fragen der vorgestellten philosophischen Richtung?
- Der Wechsel erfolgt nicht in festen Gruppen, sodass die Teilnehmenden der Gruppen jedes Mal gemischt werden. Alle haben am Ende alle Filme gesehen und besprochen.
- Die Lehrkraft erläutert die Bedeutung philosophischer Gespräche, in denen es darum geht, Erfahrungen, Gedanken und Standpunkte auszutauschen und neue Zusammenhänge zu erkunden. Dabei werden viele Fragen gestellt und Antworten gesucht. Die Antwortversuche sind oft das Ergebnis eines kreativen Denkvorgangs. Sie werden überprüft und hinterfragt, aber auch begründet oder widerlegt.

Kreative, visuelle und kommunikative Zugänge

Mögliche Fallstricke und Tipps

- Die Unterrichtsstunde kann als Einstieg in philosophische Themenbereiche genutzt werden. Sie kann aber auch als konkrete Anregung verstanden werden, einen eigenen Philosophie-Blog mit philosophischen Notizen zu erstellen. Eine Beispielseite findet sich hier: https://carophilo.wordpress.com **3**
- Es handelt sich bei der Reihe um Videoclips, die natürlich nicht die gesamte philosophische Thematik ausführlich behandeln können. Die Clips sollen einen Einblick geben und Neugier wecken sowie kreatives Denken und kritisches Nachfragen fördern.
- Es ist nicht sinnvoll, dass sich die Lernenden die einzelnen Filme an ihrem Smartphone nacheinander ansehen. Vielmehr soll die Kommunikation bei dem Galeriegang angeregt werden.
- Aus der Unterrichtsstunde könnte sich eine philosophische Werkstatt für Schüler*innen, die besonderes Interesse an der Philosophie haben, entwickeln.
- Eine philosophische Themenwoche könnte ein Angebot an die Schulgemeinschaft sein, wobei es vor allem um Themen und Fragen der praktischen Philosophie gehen könnte.
- Eine Anregung mit konkreten Handlungsschritten zum Philosophieren mit Jugendlichen: https://www.philosophische-bildung.de/wp-content/uploads/2020/02/Handout_Weiterführende-Schulen_gfi.pdf **4**

Analoge Alternative

Wie wäre es mit einem „Philosophen-Café: Zeit für Sinnfragen" – ein Angebot des Ethikunterrichts zum Austausch über philosophische und ethische Fragestellungen?

Beispiele und Infoseiten

- Einblicke in die Welt der Philosophie – Philosophie-Blog:
  http://philosophen-welt.blogspot.com **5**
- Philosophie-Blog mit Tim, Nietzsche & Co.:
  https://pikok.de/category/allgemein/philosophie/ **6**
- Philosophie im Alltag:
  https://www.philosophie.ch/blogartikel/highlights/philosophie-im-alltag **7**
- Philosophie in der Kindersuchmaschine blinde-kuh:
  http://www.blinde-kuh.de/bksearch.cgi?smart=0&query=philosophie **8**

Kreative, visuelle und kommunikative Zugänge

Eine multimediale (digitale) Themenshow

Klasse 5–13

- über mehrere Wochen
- Ergebnissicherung
- kreative und mediale Aufarbeitung eines Themas

Beschreibung

Am Ende einer Unterrichtsreihe zu einem Thema des Ethikunterrichts gestalten die Schüler*innen eine Themenshow. Dabei werden Information und Unterhaltung miteinander verknüpft („Infotainment"). Die Schüler*innen werden aktiv und inszenieren interaktiv und kreativ den behandelten Themenbereich. Dazu nutzen sie unterschiedliche digitale Medien, mit deren Hilfe sie das Thema abwechslungsreich in einer Themenshow präsentieren.

Benötigte Materialien und technische Voraussetzungen

- Smartphone, Tablet, Notebook oder Computer mit Internetzugang pro Kleingruppe
- Beamer

Ablauf und Methode an einem konkreten Beispiel

- Setting: Das in einer Unterrichtsreihe behandelte Thema (z. B. Beziehungen und Gemeinschaften) wird zunächst in Themenbereiche unterteilt, in denen Einzelaspekte und -fragen thematisiert werden (z. B. Familie, Partnerschaft, Freundschaft, Beruf, Gesellschaft, Schule).
- Im nächsten Schritt der inhaltlichen Vertiefung werden Arbeitsgruppen gebildet und den einzelnen Themenbereichen zugeordnet. In einer ersten Gliederungs- und Recherchephase werden nochmals die wesentlichen Aspekte herausgearbeitet und notiert. Die Schüler*innen machen sich zu Expert*innen für dieses Thema.
- Die Arbeitsgruppen überlegen nun, wie sie ihr Thema möglichst informativ, kreativ und originell in ein digitales Konzept packen können. Jede Gruppe entscheidet sich für ein Format. Mögliche Formate und Methoden wären z. B. Erklärvideo, Stop Motion Film, Podcast, Kurzfilm, Comedy, Musik, Texte, Pantomime, Vortrag, Dialog, Quiz usw.
- Als Inspiration können die „Digitale Werkzeugkiste" (*https://padlet.com/ajoth1/lw122tw6u4oh*), eine umfangreiche Sammlung mit Tools und Apps sowie praxisnahen Tipps, Tutorials und Beispielen, oder die „Lerntheke" (*https://lerntheke.ideenwolke.net/doku.php?id=wiki:selbstlern:start_selbstlernstationen*) mit Selbstlernstationen genutzt werden. [1] [2]
- Für die Koordination der einzelnen Gruppen und die Zusammenführung in einem Handlungsprodukt (z. B. Film, E-Book) ist ein Moderatorenteam zuständig. Außerdem sollte ein Digital- und Technikteam schon im Vorfeld die Produktion der einzelnen Gruppen begleiten und die fertigen Teile wie ein Puzzle am Ende zusammensetzen. Dazu eignen sich z. B. iMovie (iOS) oder Windows Movie Maker.
- Die fertige multimediale Themenshow wird einem Publikum aus anderen Klassen in einer Live-Vorführung präsentiert. Anschließend kann das Thema nochmals durch Beiträge und Fragen aus dem Publikum vertieft und abgeschlossen werden.

Mögliche Fallstricke und Tipps

- Nach der Vertiefungsphase kann auch ein Schritt eingelegt werden, bei dem die Gruppen einem vertiefenden Kolloquium oder Expertengespräch Rede und Antwort stehen und ihr Wissen nochmals festigen.
- Am Ende der Projektphase schreiben die Schüler*innen einen Sach- und Erfahrungsbericht, in dem sie das Thema und ihre Projekterfahrungen aufarbeiten.
- Das Moderatoren-Team formuliert bereits im Vorfeld Texte für die Übergänge zwischen den einzelnen Beiträgen. Sie können auch bereits vorher aufgezeichnet werden, um sie später einzufügen.

Analoge Alternative

Die Themenshow wird live vor einem Publikum mit überwiegend analogen Methoden präsentiert.

Materialhinweise, Beispiele und Infoseiten

- iMovie Tutorial:
  https://www.youtube.com/watch?v=HZuMuo6mIjY [3]
- iMovie Tutorial für das iPhone:
  https://www.youtube.com/watch?v=N8cVfU_sxtg [4]
- Die besten kostenlosen Videoschnittprogramme 2020 (für Windows und Mac):
  https://www.youtube.com/watch?v=R_8ZMCAaSYM [5]
- Informationsplakat zur Filmsprache:
  https://nwdl.eu/filmsprache/ [6]
- Praktische Tipps mit Unterrichtsmaterialien für den Videodreh:
  https://www.br.de/sogehtmedien/selber-machen/video-tutorial/unterrichtsmaterial-selber-machen-video-tutorial100.html [7]
- 50 bewährte Tipps von den Profis für bessere Videos:
  https://www.techsmith.de/blog/videotipps-bessere-videos/ [8]

Kurzfilme im Ethikunterricht

Klasse 9–13

ca. 20 Minuten

Unterrichtseinstieg

ethische Fragestellungen mithilfe von Kurzfilmen erkunden, Themenerschließung mithilfe visueller Impulse

Beschreibung

Die Schüler*innen erarbeiten eine ethische Frage- und Problemstellung mithilfe eines Kurzfilms, der kurz, prägnant und pointiert in ein Thema einführt.

Benötigte Materialien und technische Voraussetzungen

- Smartphone, Tablet, Notebook oder Computer mit Internetzugang pro Person
- Beamer

Ablauf und Methode an einem konkreten Beispiel

- Setting: Zur Hinführung und Problematisierung schauen sich die Schüler*innen einen Kurzfilm an. Dieser hat meist eine Länge von wenigen bis ca. 15 Minuten. Das können Animationsfilme, Musikclips oder Kurzspielfilme sein.
- Kurzfilme bringen ein Thema kurz und prägnant auf den Punkt. Häufig bedürfen sie einer Interpretation. Die Themen sind vielfältig und betreffen oft Bereiche des Ethikunterrichts (z. B. Gewissen, Freundschaft, Wahrheit, Sinnfrage, Gerechtigkeit, Menschenwürde, Beziehung). Häufig werden Geschichten erzählt, die durch Trickfiguren oder Menschen dargestellt werden, oder es werden Sachverhalte kurz erläutert. Kurzfilme verlangen von den Lernenden Konzentration und Aufmerksamkeit, um keine Details aus den Augen zu verlieren.
- Methodische Ideen zur Erschließung:
  1. Der Film wird komplett oder in einzelnen Sequenzen gezeigt oder vor Filmende abgebrochen. Manchmal bieten Kurzfilme intensive Gesprächsanlässe durch ein offenes Ende.
  2. Die Klasse erhält Beobachtungsaufgaben, um die kritische Erschließung des Kurzfilms anzuregen.
  3. Die Schüler*innen stellen Fragen an den Film und die handelnden Personen.
  4. Die Lernenden lassen die im Kurzfilm vorkommenden Personen über die Handlung und das dargestellte Problem sprechen.
- Kleine Online-Tools wie *https://frag.jetzt/home* oder *https://fragmich.xyz/* können hilfreich sein beim kollaborativen Sammeln von Fragen.
- Dienliche Hinweise zum methodisch-didaktischen Einsatz von Kurzfilmen im Ethikunterricht bieten die folgenden Folien:
https://mariakasparek.files.wordpress.com/2017/03/buchmesse-folien-pp-film-ab.pdf [1]
- Einige anregende Kurzfilme werden auf der Seite *https://www.fundgrube-religionsunterricht.de/kurzfilme* präsentiert. [2]

Mögliche Fallstricke und Tipps

- Filme dienen häufig zur Unterhaltung. Entsprechend werden sie nur konsumiert. Im Unterricht wird das Medium Film genutzt, um Lerninhalte darzustellen oder um damit eine Problematisierung und Auseinandersetzung anzuregen. Durch den Einsatz von Kurzfilmen wird somit die Medienkompetenz der Schüler*innen gefördert.

- Die Schüler*innen können am Ende der Unterrichtseinheit einen eigenen Kurzfilm (Filmidee, Storyboard, Drehplan, Filmdreh, Filmbearbeitung, Präsentation) produzieren. Dabei können kleine Filmproduktionen auch mit dem Smartphone durchgeführt werden.
- Eine schöne Möglichkeit, Links zu Kurzfilmen strukturiert abzuspeichern, bietet das Online-Tool *https://wakelet.com*. Dabei können die Verweise auf Internetseiten in thematischen Ordnern abgespeichert werden.

Analoge Alternative

Der Kurzfilm wird ohne digitale Hilfsmittel zur Erschließung angeschaut und besprochen.

Materialhinweise, Beispiele und Infoseiten

- Eine Liste mit einigen Kurzfilmen für den Ethikunterricht mit Hinweisen zum Einsatz und Aufgabenstellungen:
  https://unterrichten.zum.de/wiki/Kurzfilm
- Kurzfilme im Ethikunterricht:
  https://frauschuetze.de/?p=6707
- Sechs Kurzfilme werden hier kurz vorgestellt und verlinkt:
  https://www.gew.de/aktuelles/detailseite/neuigkeiten/kurzfilme-im-unterricht/
- Kurzfilme im Unterricht – Eine Einführung und Anleitung für die Praxis:
  https://www.kinofenster.de/themen-dossiers/alle-themendossiers/dossier-kurzfilme-fuer-kinder/dossier-kurzfilme-fuer-kinder-einfuehrung/
- Im Kurzfilm „Opas Engel" (*https://www.youtube.com/watch?v=WHqgHJs7pEI*) geht es um Lebensgeschichten und Trauer. Ein Begleitheft bietet Informationen zum Inhalt, didaktische Hinweise, Einsatzmöglichkeiten und Fragen:
  https://docplayer.org/41735713-Kurzfilme-ethik-opas-engel.html

Kreative, visuelle und kommunikative Zugänge

Alle Unterrichtsmaterialien
der Verlage Auer, AOL-Verlag und PERSEN

» jederzeit online verfügbar

lehrerbuero.de
Jetzt kostenlos testen!

Und das Beste:
Schon ab zwei Kollegen können Sie von der günstigen **Schulmitgliedschaft** profitieren!

Infos unter:
lehrerbuero.de

» lehrerbüro

Das Online-Portal für Unterricht und Schulalltag!